Cristales

Cristales

GUÍA COMPLETA DE SUS USOS,
PROPIEDADES Y BENEFICIOS

SADIE KADLEC

Contenidos

Prólogo

Con el paso del tiempo, el misterio de los cristales y su significado se asentó como una verdad en mi corazón, y salió a la superficie en el preciso instante en que me senté a escribir las primeras entradas de este libro.

En materia de energía metafísica, no hay nada que decir que no sepamos ya en nuestro interior; de hecho, lo que se dice se cuenta para fomentar la reflexión y el sentido de comunidad.

Cada uno de nosotros tiene una conexión única con las energías que nos rodean, y los cristales son una de las fuerzas energéticas hacia las que gravitamos en busca de apoyo, inspiración y conexión. Lo que podemos sentir, o llegar a comprender, a través de nuestra relación con los cristales siempre estará filtrado por nuestras experiencias y, por tanto, solo representa una parte de nuestro conocimiento. Eso no significa que sea erróneo o inútil, sino todo lo contrario: al compartir nuestro conocimiento entre nosotros, conseguimos una mayor comprensión del conjunto.

Antes de que este libro fuera siquiera un proyecto, ya había pasado de contar a la gente las propiedades de las piedras o qué piedra usar a experimentar el deseo de saber cómo les hacía sentir una piedra, qué les inspiraba y cómo iban a poner en práctica todo eso. En el libro encontrarás información sobre las propiedades y usos de los cristales, pero cada palabra gira en torno a mi relación con ellos.

Página tras página, cada entrada me recordaba una experiencia o una persona de mi vida que subrayaba perfectamente la energía de la piedra tal como la había llegado a conocer. Cada vez que me atascaba en el proceso de escritura, el cristal sobre el que estaba escribiendo me proporcionaba inspiración para ese momento. Y ello hacía que fuera más mágico, porque estas ayudas me aportaron un profundo conocimiento espiritual que sigue influyendo y transformando mi práctica personal.

Confío en que compartir estas reflexiones sea un punto de partida que te lleve a profundizar en tu propia relación con los cristales. A veces, tan solo necesitamos oír la experiencia de otro para desencadenar la nuestra. Cuando no halles las palabras o necesites una dosis de inspiración, recurre a estas anotaciones y estas prácticas. Déjate ayudar por ellas mientras encuentras tu propia voz.

Sadie Kadlec

Citrina p. 115

Fundamentos

Deja a un lado todo lo que sabes de los minerales y la energía. Antes de empezar a explorar las piedras, debes reflexionar y reconectar con tu intuición y tu intención. Empieza de cero siendo consciente del viaje que hacen los cristales desde el suelo hasta ti, y de las distintas formas de comprometerte y honrar su energía. Cada revelación es una oportunidad de transformar tu relación con la Tierra, con los cristales y contigo mismo.

Ética de los cristales

Como en cualquier otro campo, se plantean problemas éticos y de sostenibilidad. A los aficionados, los coleccionistas y los sanadores les preocupa el origen de las piedras.

Si queremos reunir una colección de forma responsable, debemos preguntarnos: ¿De dónde proceden los minerales? ¿Quién los ha extraído del suelo? ¿Qué métodos se han usado? ¿Se ha perjudicado a la Tierra y/o a sus habitantes en el proceso?

Cuestiona tus fuentes

Cuando se trata del origen de las piedras, debemos implicarnos para lograr una mayor transparencia. Para empezar podemos preguntar a los vendedores lo que saben sobre las empresas que se los suministran, o si saben cómo y dónde se han extraído las piedras que venden. Si el vendedor le ha hecho esas mismas preguntas a su proveedor, no debería importarle compartir contigo esa información. Si se lo preguntas directamente, le ofreces la oportunidad de averiguarlo o de ser más consciente en la próxima compra.

No podemos corroborar la información y de momento no existe ningún organismo que supervise si el origen de los cristales es ético. Así que no tenemos más remedio que fiarnos de los vendedores. Ayuda tener una buena relación con ellos.

Investiga de dónde proceden tus cristales

¿Y qué pasa con los cristales que ya hemos comprado sin reflexionar demasiado sobre ello? Es terrible saber que tu nuevo cristal esconde una historia desagradable. Úsalo como fuente de inspiración: averigua de dónde procede y encuentra la forma de apoyar a la comunidad y el entorno explotados en el proceso. Si vendes cristales, puede ser una forma muy poderosa de hacer circular los activos como un acto de gratitud.

Muchos cristales son el subproducto de otras actividades mineras, pero ser conscientes de que en última instancia todo está conectado nos anima a reflexionar sobre otros aspectos. Quizá no vemos el lugar de donde se extraen los minerales o quién los extrae del suelo. Quizá no vemos el viaje que hacen las piedras a lo largo y ancho del globo hasta llegar a la tienda. Pero podemos ser conscientes de que somos guardianes de la Tierra y aceptar esa responsabilidad como una llamada espiritual.

Deja que te inspire y te lleve a reflexionar más a fondo sobre cómo reúnes tu colección y sobre cómo puedes cuidar de la Tierra.

De arriba abajo: piedra crisantemo p. 140, **piedra luna melocotón** p. 142, **espesartina granate** p. 141

Tu colección de cristales

Una colección de cristales es un proceso infinito en constante evolución. Cada piedra busca la forma de llegar hasta nosotros, entrelazándose con nuestras experiencias y haciéndonos más sabios a su paso.

Escoge tus cristales

Seleccionar piedras puede ser abrumador. Por lo general, tendemos a dar demasiadas vueltas a las cosas y nos lo cuestionamos todo en exceso. Puede que no hayamos leído mucho sobre cristales o no hayamos estudiado sus propiedades, pero una conexión energética hace que nos sintamos atraídos por las piedras destinadas a compartir algo con nosotros. A veces reconocemos dicha conexión porque experimentamos una fuerte reacción frente a la piedra, que se manifiesta o bien como una atracción instantánea, o bien como una repulsa absoluta. A veces es su descripción lo que despierta nuestro interés. También es posible que el cristal nos llegue a través de otra persona. En cualquier caso, debes confiar en que las piedras que te están destinadas encontrarán la forma de llegar hasta ti.

Cuida de tus piedras

Muchos coleccionistas de cristales se olvidan de un elemento fundamental en cualquier práctica con cristales: ¡cuidar de sus piedras! ¿Qué significa cuidar de los cristales y por qué debes hacerlo? Cuidar de algo implica aprecio, conexión e interés. Es un modo de mostrar respeto y de reconocer el intercambio energético que su vibración ofrece a la nuestra. Recuerda que tu forma de cuidar de tus piedras refleja tu manera de verte y tu respeto por la energía que nos rodea y que hay en nuestro interior.

Limpieza del cristal

Cuando un nuevo mineral entre en tu vida, honra su llegada con un ritual de limpieza. No es para eliminar la energía que la piedra pueda haber captado (la energía no es ni

Calcita amarilla p. 139,
jaspe abejorro p. 139

buena ni mala, lo que cambia es nuestra percepción), sino para agradecer el viaje y la sabiduría adquirida en el trayecto. Los rituales de limpieza pueden adoptar distintas formas. Algunos minerales se limpian mejor con otras piedras (la selenita o la fluorita son buenas opciones) o impregnándolos de humo (hierbas, madera o incienso). Otros pueden limpiarse poniéndolos al viento, o sumergiéndolos en agua, o enterrándolos. Usa la técnica que te parezca que armoniza mejor con tu práctica personal, el mineral y su energía.

Comprométete con tus piedras

Una vez limpia, fija tu intención para la piedra. Basta con algo tan sencillo como sostenerla y decir: «Así es como imagino nuestro trabajo conjunto...», o puedes llevar a cabo un ritual más elaborado. Escoge el método que más

resuene en ti, sin olvidar que es para ayudar a clarificar dónde estás en este momento y para orientarte en tu manera de comprometerte con la piedra. Ten presente que los cristales pueden tener otras cosas guardadas para ti.

No olvides nunca que el compromiso regular es una parte clave del cuidado de los cristales. La acción energética asociada a tu intención, a tu forma de usarlos y recibir su apoyo y su orientación vibracional es muy importante. Medita con ellos, exhíbelos, llévalos contigo, construye redes, incorpóralos a tus sesiones de sanación, póntelos a modo de joyas. Si los has usado mucho, honra todo ese trabajo con un ritual de limpieza o cárgalos a la luz del Sol o de la Luna para aportarles un toque de energía celestial. El compromiso tiene que ver con disfrutar de tus piedras y con valorarlas. ¡Diviértete!

La energía de los cristales

Creados en una confluencia de fluido, calor y presión, los cristales emergen con una estructura atómica ordenada que forma literalmente los cimientos de nuestra vida.

Piensa en el suelo bajo tus pies, determinados avances en medicina y tecnología, los alimentos que nos nutren: todo ello depende de la existencia de los cristales. También nosotros estamos compuestos de minerales, y los necesitamos para el funcionamiento tanto de nuestro cuerpo físico como de nuestro cuerpo energético. Incluso si te cuesta abrirte a los aspectos más místicos de la vida, los cristales están ahí apoyándote en cada paso.

Conecta con los cristales

Si estás listo para explorar su esencia con más detalle, cierra los ojos y respira profundamente. Siente la energía metafísica que hay a tu alrededor y en tu interior, que forma parte de ti y de todas las cosas. El universo es energía que confluye en distintas configuraciones. Algunas son visibles y otras solo podemos sentirlas. Los cristales son expresiones tangibles de esta energía metafísica, que adoptan una forma física y emiten una constante vibración. Hay infinitas variaciones en las propiedades de los cristales, que adoptan formas distintas según su composición, que constituyen las increíbles estructuras reticuladas que tanto admiramos.

Su constancia energética y física nos da estabilidad como seres emocionales sensibles a las influencias del mundo externo. Cuando conectamos con la energía cristalina, experimentamos una resonancia energética con el cristal y evocamos el tono vibracional que nos pondrá en armonía y nos recordará nuestra divinidad innata.

Calcita rosa mangano p. 85

Incorpora los cristales a tu vida

Al nivel más profundo, toda la energía está universalmente conectada. Aunque hay más de 5000 minerales distintos, todos descienden del mismo acontecimiento cósmico, que no solo creó la Tierra, sino todo el universo. Por eso podemos conectar con cualquier esencia energética en cualquier momento y en cualquier lugar. Eso nos permite sentir las propiedades de una piedra sin conocer la piedra o sin tener un ejemplar, simplemente prestando atención a los cambios que se producen en nuestra propia energía cuando la piedra atraviesa nuestra conciencia. Su vibración sustentadora siempre está ahí, aunque nunca hayamos visto o sostenido en nuestras manos ese cristal.

En este libro hallarás prácticas para que conectes con los cristales y encuentres su resonancia en tu vida. Tú sabes mejor que nadie qué cosas están en armonía con tus deseos y necesidades. Estas sugerencias pueden adaptarse y están para estimular tu mente y ayudarte a descubrir tus propios métodos para canalizar la energía cristalina.

Redes de cristales

Si los ojos son el espejo del alma, entonces las redes de cristales son el espejo de la Tierra, que proyectan sobre nosotros nuestra propia energía.

Dicho de forma simple, una red de cristales es un grupo de piedras que se reúnen para expandir una intención energética. Hay muchas maneras de crear una red, pero la que dirige nuestra naturaleza intuitiva suele ser la más profunda, revelando una constelación que se comunica con nuestro yo más íntimo y nos ofrece una guía y un apoyo infinitos.

Para crear tu propia constelación de cristales, empieza por establecer una intención, el propósito que proporciona un marco a las piedras usadas. Dedica unos segundos a centrar tu energía y concentrarte en tu intención. Una breve meditación con los ojos cerrados delante de tu colección de cristales te ayudará a fijar el espacio para que el proceso resulte poderoso y sencillo. Cuando estés listo, abre los ojos y deja que sea tu intuición la que seleccione las piedras y te indique dónde colocarlas. Haz todo lo que esté en tu mano por impedir que tu mente racional y lógica intervenga, y aprovecha la verdad y la sabiduría que hay en tu interior. Cuando sientas que la red está completa, cierra los ojos, respira profundamente varias veces y visualiza la constelación al completo. ¿Qué llama tu atención? ¿Qué observas en relación con las piedras, el diseño, el flujo, etcétera? Explora las cualidades desde una curiosidad llena de amor.

Crea un ritual

El ritual sirve para insuflar vida a la red que acabas de crear. Es donde tu participación armoniza la intención y los cristales, provocando cambios energéticos. Puede tratarse de una práctica tan sencilla como meditar al lado de la red tres días seguidos o reflexionar sobre la evolución energética e ir haciendo anotaciones en un diario. Fíate de tu intuición para dar con la práctica y el ritmo adecuados para tu ritual.

En sentido horario desde arriba: cianita verde p. 80, **amazonita** p. 75,
topacio azul p. 180, **apatita azul** p. 199, **prehnita** p. 68, **peridoto** p 88,
malaquita p. 88, **fluorita azul** p. 172, **moldavita** p. 122, **calcita verde** p. 43,
calcita azul (centro) p. 192

Cristales

Paséate por esta colección de minerales con
la intuición como guía. Descubre tus propios
mensajes cristalinos ocultos en estas páginas
y profundiza tu conexión con las piedras a
través de afirmaciones y prácticas integradoras.
Abraza la forma que tiene cada cristal de
revelarse exclusivamente para ti, ofreciéndote
su sabiduría y actuando como catalizador
para tu transformación energética.

Amonita

«Veo la vida con plena
conciencia y abrazo cada
momento de conexión, ya
que aumenta mi capacidad
de conocimiento profundo
de las cosas.»

Amonita

Ensalzadora, trascendente, resiliente	**CUALIDAD**
Raíz, corazón, corona	**CHAKRA**
Expansión energética, transformación, evolución espiritual	**FOCO**

El tiempo fluye de forma escurridiza entre destinos que desaparecen tras el telón de fondo de la vida. Cada momento es una transición del pasado al futuro, un proceso constante, que a menudo nos lleva a preguntarnos: «¿Esto es todo?». ¿En qué punto del ciclo estás, al principio o al final? ¿Tiene la vida sentido más allá de este momento?

La amonita se enrolla hacia dentro (¿o es hacia fuera?) para ampliar la percepción, haciéndonos girar alrededor de nuestras experiencias para que tengamos un conocimiento más dinámico del papel que desempeñan en nuestra vida. Empezamos a percibir su interconexión en el tiempo y las posibilidades de futuro. Reforzando la habilidad de integrar este conocimiento, la amonita estimula nuestra evolución espiritual sincronizando nuestra energía para que esté arraigada y presente.

Abre los ojos a esas experiencias a las que das vueltas allí donde la percepción ampliada puede ayudarte a elevarte por encima de ellas. Visualízate como un pájaro en el cielo, cuya aguda visión puede evaluar la situación desde todos los ángulos. Absorbe con agradecimiento la información para respaldar la transformación espiritual enroscándote hacia dentro y hacia fuera, y alrededor, como la amonita.

Profundiza esta ampliación en tu vida cotidiana mediante momentos de reflexión compensados con una activación de la energía espiritual. Incluye la amonita en:
• Trabajo de respiración (p. 156)
• Siesta mineral (p. 182)

TIERRA

¿Listo para ir más allá? Cambia al lapislázuli, p. 204
Para tener una nueva perspectiva, mira ojo de tigre azul, p. 68

Apofilita verde

CUALIDAD	Renovadora, fluida, pura
CHAKRA	Sacro, corazón, corona
FOCO	Recordar el asombro de la infancia, cultivar la conexión, guiar tu flujo energético

Al crecer, las actividades cotidianas pueden dificultar nuestra percepción y confundirnos. Entonces nuestro flujo energético se atasca. Aparecen el hastío y la melancolía, entorpeciendo la vibración y la conexión que nos ofrece el mundo.

Transportándonos a un terreno mítico desde nuestros sueños más hermosos e indómitos, la apofilita verde aporta una capa de suave brillo que nos ayuda a redescubrir el mundo con otros ojos, de manera que todo nos parece precioso y mágico. La curiosidad se intensifica, nuestras relaciones se iluminan y experimentamos una sensación de renacimiento que transmite vida.

Considera los ámbitos de tu mundo a los que puedes aportar luminosidad. Deja que tus ojos absorban el espacio que te rodea con curiosidad y con espíritu lúdico. Sumérgete en los elementos para reavivar la sensación de asombro ante la forma de fluir y el misticismo de la naturaleza.

Deja que la esencia de la apofilita verde te ponga de nuevo en contacto con la vivacidad de la vida. Estimula tu capacidad de asombro siempre que la vida empiece a deslucirse. Prueba a usar esta piedra en:
- Baño forestal (p. 52)
- Siesta mineral (p. 182)

Profundiza en la naturaleza usando madera petrificada, p. 33
Cultiva la reconexión con cobre, p. 191

Ágata dendrítica

CUALIDAD	Curiosa, próspera, enraizadora
CHAKRA	Raíz, sacro, corona
FOCO	Encontrar formas de crecimiento, cultivar la riqueza interior, encontrar tu camino

En el centro de nuestro ser yacen semillas de sueños que poco a poco se van afianzando e intentan emerger. Si permitimos que la mente los intelectualice, quedan atrapados en un bucle y no consiguen salir a la superficie. Deseamos que se manifiesten, pero creamos obstáculos, impidiendo su desarrollo y, como consecuencia, el aumento de nuestra riqueza interior.

El ágata dendrítica ayuda a canalizar estas manifestaciones por el camino que ofrece menos resistencia. Nos enseña a expandirnos desde la curiosidad, de manera que estemos constantemente explorando, pero sin forzar la situación.

En la manifestación arborescente del ágata dendrítica, verás que no todas las ramificaciones llevan a alguna parte. Deja que te recuerde que no todas las semillas tienen por qué convertirse en algo más grande; su sola presencia es un reflejo de la salud del entorno interior.

Sigue el ejemplo del ágata dendrítica y sustituye la fuerza por curiosidad. Aprende a crear un entorno enriquecedor que sustente el desarrollo de los sueños, para que se expresen. ¿Qué semillas latentes hay en tu interior? ¿Puedes dejar de esforzarte para que todo ocurra y volver a dejar espacio a la pasión?

Si sientes que tu mente domina y bloquea tus sueños, usa el ágata dendrítica en:
- Trabajo de respiración (p. 156)
- Pintura a la acuarela

Para un nuevo comienzo recurre a la piedra luna arcoíris, p. 171
¿Sientes curiosidad? Prueba el jaspe dálmata, p. 91

Apofilita verde

«Abro los ojos a las
maravillas del mundo.
Dejo que la capacidad de
asombro me inspire.»

Ágata dendrítica

«Nutro mis sueños y
dejo que fluyan a
través de mí sin oponer
resistencia.»

Fuchsita

CUALIDAD	Integradora, enriquecedora, desintoxicante
CHAKRA	Corazón, tercer ojo
FOCO	Abrir el corazón y la mente, dejar espacio para la gratitud, ver tus experiencias como ejemplos enriquecedores

Descubriendo y desechando las raíces de nuestro dolor, cuidamos de nuestro jardín interior tratando de conservar las partes de nosotros mismos y de nuestras experiencias que parecen estar bien organizadas y que nos resultan agradables de ver. No obstante, esa satisfacción que nos da el poner orden en el caos nos cierra, sin saberlo, a la sabiduría y el poder que ofrece el dolor.

Cuando olvidamos la inmensa creatividad que inspira el dolor, la fuchsita nos recuerda que debemos abrir el corazón y la mente. Desintoxica nuestros pensamientos para que podamos ver y apreciar todas las experiencias, sean del tipo que sean, y reaviva nuestra confianza en lo divino.

Recurre a la fuchsita para prestar de nuevo atención al desafío que supusieron esos momentos y a cómo te inspiraron la ingenuidad, la adaptabilidad y la creatividad que necesitabas. Si vemos todas las experiencias como partes integrales de la vida, creamos el espacio necesario para que todo pueda coexistir en perfecta armonía.

Integra y abraza tus experiencias todas las noches para que nutran tu creatividad.
La fuchsita sustenta:
- Práctica de gratitud (p. 78)
- Trabajo de respiración (p. 156)
- Actos de servicio aleatorios

¿Corazón abierto? Ábrelo más con la prehnita, p. 68
¿Necesitas un poco de sustento? Recurre a la crisoprasa, p. 70

Hematita

CUALIDAD	Sustentadora, expansiva, empoderadora
CHAKRA	Raíz, plexo solar, garganta
FOCO	Descubrir tus verdaderos cimientos, reconocer tus necesidades energéticas, expandir tu presencia

Tenemos la idea errónea de que disponemos de un espacio limitado en el que estar. Nuestros cimientos pueden parecer pequeños y frágiles, como si reposaran sobre fragmentos decrépitos que hemos juntado y atesorado por miedo a que desaparecieran. Es posible que recortes el excedente que hace que tú seas tú para caber dentro de los límites de tu diminuta parcela.

Disipando el humo y los reflejos que nos impiden ocupar el espacio, la hematita revela el gran apoyo que hay detrás, más allá de lo que el ojo alcanza a ver. Al descubrir que los cimientos son interminables, nos preocupa menos el espacio que ocupamos respecto de quienes nos rodean, y sentimos que podemos expandirnos libremente.

Observa dónde te refrenas y haz caso a la hematita, que te recuerda que tienes sustento. Cuando tu energía salga de la espiral donde estaba atrapada, observa cómo se expanden las partes ocultas de ti mismo. Recibe este conocimiento como una invitación a ser todo lo que eres, y nada menos que eso.

La hematita confiere más arraigo expansivo en:
- Meditación caminando (p. 30)
- Con los pies descalzos sobre la Tierra

Expande tus cimientos con la epidota, p. 93
Descubre la totalidad con el jaspe kambaba, p. 49

Fuchsita

«Las experiencias de mi
vida demuestran que
puedo progresar.»

Hematita

«Hay espacio suficiente
para que pueda ser todo
lo que soy.»

Cianita negra

«Mis sombras me
recuerdan que me
encuentro en la luz.
Puedo expresar sin
miedo mi verdad.»

**Obsidiana
copo de nieve**

«Mi energía siempre
fluye, puedo transformar
lo que se atasca y abrazar
el cambio que sigue.»

CRISTALES

26

Cianita negra

Expresiva, alentadora, comprensiva	CUALIDAD
Raíz, corazón, garganta	CHAKRA
Comunicarse desde las profundidades, conocer tu sombra personal, compartir tu voz	FOCO

Hay partes de nosotros que no nos gustan y experiencias que nos hacen sentir indignos o inferiores. Vamos por la vida cabizbajos y con miedo a que descubran lo que nos avergüenza.

Cuando tenemos las emociones a flor de piel y el ánimo bajo, la cianita negra surge de entre las sombras para guiarnos por la oscuridad con su dulce voz. Enraíza nuestra expresión para que podamos poseer totalmente esas experiencias que nos avergüenzan. Nos conecta con nuestra verdad interior para que podamos ver la belleza de nuestra sombra personal.

Recuerda que tu sombra surge cuando la luz resplandece tanto a tu alrededor que revela tu grandiosidad. Mientras miras tu sombra, pregúntate: «¿Quién soy y por qué me escondo?». Deja que esas experiencias que te avergüenzan te recuerden tu esplendor y crea un mundo sin las etiquetas que te convierten en «otro».

Escucha tu propia voz siempre que te sientas solo o no amado. Profundiza con la cianita negra en:
• Trabajo de respiración (p. 156)
• Diario periódico

¿Miedo de tu sombra? Pasa a la piedra lunar negra, p. 195
Da voz a tus secretos más íntimos con el jade azul, p. 75

Obsidiana copo de nieve

Renovadora, clarificadora, centrada	CUALIDAD
Raíz, tercer ojo, corona	CHAKRA
Reinicio celular, restablecer la armonía, dar la bienvenida a un nuevo paradigma	FOCO

De vez en cuando nos metemos en un atolladero, porque seguimos estrictamente nuestras rutinas por miedo y por comodidad. La falta de cambio y de fluidez lleva al estancamiento, impide el crecimiento y embota la inspiración.

La obsidiana copo de nieve se forma durante las erupciones volcánicas. Trabajar con ella nos permite experimentar una transmutación personal, ya que toma la energía estancada y la transforma en una estructura más fuerte y empoderadora, lista para abrazar la vida. Las manchas blancas de cristobalita restauran nuestra vibración y nos dan permiso para liberar el control sobre la vida y para abrazar el cambio.

Mira la obsidiana copo de nieve y reflexiona sobre todo lo que ves sin juzgarlo. Pregúntate: «¿Qué está listo para ser liberado y qué para ser transformado?». Respira hondo varias veces con los ojos cerrados mientras liberas esas partes de ti. Observa cómo se transforma tu energía.

Haz que la energía estancada vuelva a fluir con ejercicios de visualización y movimiento. La obsidiana copo de nieve potencia:
• Contemplación en el espejo (p. 79)
• Masaje y minerales (p. 134)

¿Todo claro? Recurre al cuarzo transparente, p. 249
¿Algo va mal? Deja que el ojo de tigre te recomponga, p. 121

Aventurina verde

CUALIDAD	Audaz, floreciente, intensificadora
CHAKRA	Corazón, corona
FOCO	Crecer a través de los desafíos, cultivar el amor valiente, profundizar en la vulnerabilidad

Nos planteamos una misión. Planificamos el recorrido desde A hasta B y nos embarcamos en el viaje. Pero si nos salimos de la ruta señalada, nuestra mente se precipita hacia el fracaso.

Los desafíos que experimentamos cuando todo sale mal nos ayudan a crecer y la aventurina verde está allí para asegurarse de que dicho crecimiento prospere. Nos recuerda que el viaje es un estado mental energético, y no un camino que seguir o un destino al que llegar. Profundizando nuestro deseo de ser vulnerables, la aventurina verde ayuda a aumentar las probabilidades de crecimiento a partir de los desafíos. Hace que la energía fluya por el corazón, cultivando el amor profundo y valiente.

Cada paso que damos fuera del camino marcado es una oportunidad para la expansión centrada en el corazón. Mientras te mueves arriba y abajo, fíjate hacia dónde te precipitas o cuándo te centras profundamente en seguir el guion. ¿Dejas espacio a la espontaneidad? ¿Dejas espacio a la conexión? La aventurina verde está ahí para aconsejarte: deja que el corazón te guíe.

La aventurina verde ayuda a expandir el corazón en:
• Circulación del corazón (p. 31)
• Meditación tomados de la mano (p. 157)
• Trabajo de respiración (p. 156)

Aventurina verde

«Confío en mi corazón para que me guíe por la vida. Nunca me desvía de mi camino.»

Abraza tu audaz corazón con la cornalina, p. 116
Para la inspiración afectuosa, prueba la cobaltocalcita, p. 72

CRISTALES

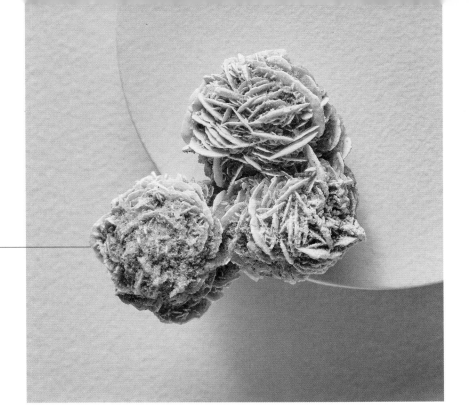

Rosa del desierto

«Los desafíos de la vida
aumentan mi belleza.
Cada experiencia es
una bendición.»

Rosa del desierto

La vida está llena de situaciones difíciles y de circunstancias que no tienen nada de ideales. Eso puede hacer aflorar nuestras inseguridades y preocupaciones por el futuro. ¿Debemos seguir adelante o dejar de insistir?

En ese momento de desesperación, bajo las peores condiciones y con pocas esperanzas de sobrevivir, la rosa del desierto nos muestra el camino: crecer, pétalo a pétalo. Su capacidad para aprovechar la energía aparentemente desalentadora del entorno nos muestra cómo seguir adelante en las situaciones más duras.

Expande tu capacidad para ver más allá del horizonte con la rosa del desierto al mando. Cambia el foco de la preocupación y el miedo a un deseo de aprendizaje y evolución, y olvídate de las creencias obsoletas que te frenan. Deja que la energía de la rosa del desierto te recuerde

Evolutiva, decidida, sustentadora	**CUALIDAD**
Plexo solar, corazón, corona	**CHAKRA**
Abrazar el cambio, explorar situaciones difíciles	**FOCO**

que eres capaz de cambiar y te anime a abrazar el proceso incluso cuando sea difícil.

Canaliza esta energía resiliente en las horas del amanecer practicando meditaciones en silencio. Facilita el cambio con la rosa del desierto en:
• Silencio sereno (p. 238)
• Contemplación de los cristales (p. 213)

¿Estás decidido? Recurre a la pirita, p. 126
¿Problemas con el cambio? Opta por el peridoto, p. 88

29

En busca del fundamento

Conectar con la tierra es una buena manera de empezar cualquier experiencia con los cristales. Nos recuerda que la Tierra nos proporciona seguridad y alimento, y que podemos usar eso para respaldar nuestra expansión energética. Estas prácticas personalizadas nos ofrecen la oportunidad de conectar con una fuente de energía cristalina.

Piedras en el cuerpo

Colocar piedras en distintas partes del cuerpo proporciona una conexión enraizante y directa con la tierra. Dado que cada piedra es única, esta práctica puede realizarse repetidas veces con efectos distintos. Empieza trabajando con una piedra cada vez, hasta que te hayas familiarizado con el proceso.

- Túmbate en un lugar cómodo y coloca la piedra elegida sobre tu cuerpo.
- Con cada respiración, fíjate conscientemente en qué parte de tu cuerpo establece contacto con el suelo.
- En cuanto hayas conectado con el suelo, céntrate en el cristal que tienes sobre el cuerpo y relaja la mente.
- Absorbe la vibración de la piedra y observa tranquilamente las sensaciones, los recuerdos o los sentimientos que surjan.
- Permanece así hasta que sientas que el espacio te llama. Antes de sacarte la piedra, exprésale tu gratitud.

Meditación caminando

Ser consciente de los minerales que hay bajo nuestros pies intensifica nuestra conexión con la tierra. La meditación es muy sencilla: consiste en caminar con la clara intención de abrirte a las vibraciones energéticas del suelo que se extiende bajo tus pies. Más abajo encontrarás sugerencias y opciones para ampliar la práctica.

- Deja todos los aparatos electrónicos en casa, para que tu energía esté más en sintonía con las vibraciones de la Tierra.
- Haz todo lo posible por ser consciente del terreno, los elementos y las criaturas que te rodean.
- Considera la posibilidad de aprender sobre la geología del suelo por el que andas. La experiencia variará según los minerales que haya en la zona.
- Puedes probar a andar descalzo, siempre que el clima y el lugar lo permitan.
- Puedes caminar con un destino en mente o dejarte llevar.

Circulación del corazón

El amor es una vibración infinita, te proporciona la sensación de ser sostenido y sostener al mismo tiempo. Esta práctica de meditación suprema usa la esencia de un cristal para enraizar tu corazón en el amor.

- Siéntate en un lugar cómodo con la espalda recta, los ojos suavemente cerrados, los hombros relajados y el cristal en la palma de tu mano, a la altura del corazón. Respira profundamente.
- Coloca la otra mano sobre la piedra, dejando algo de espacio entre esta y la palma.
- Siente cómo fluye la vibración por una de las palmas, sube por tu brazo hasta el hombro, de allí baja hasta el corazón y regresa al cristal, para luego fluir por la otra palma y realizar el mismo recorrido por el otro lado, creando un bucle energético infinito.
- Sigue así hasta que sientas que tu cuerpo está restaurado y arraigado.

Meditación al amanecer o al atardecer

La hora antes del alba y antes del crepúsculo se consideran portales energéticos. Cultivar una cadencia meditativa con el ritmo del Sol invita a que la energía mística entre en tu vida. La inclusión de cristales en esta práctica hará que te transformes en un puente entre el Sol y la Tierra, lo que armonizará tu vibración.

- Dentro de la hora previa al alba o al crepúsculo, busca un lugar para sentarte y meditar de cara al Sol, con la piedra que vayas a usar en las palmas de la mano.
- Respira profundamente y cierra los ojos. Siente el cálido resplandor del Sol y nota cómo la tierra sostiene tu cuerpo.
- Con cada respiración, deja que tu cuerpo se expanda hacia el interior de la tierra y hacia el cielo, e imagina que te conviertes en un puente energético entre ambos.
- Observa qué reflexiones intuitivas surgen, si es que surgen, y luego abre lentamente los ojos y contempla con gratitud el Sol y la piedra.

Piedra arenisca

CRISTALES

CUALIDAD	Estratificada, infinita, reveladora
CHAKRA	Todos, sobre todo raíz y sacro
FOCO	Explorar los estratos de la experiencia, ser consciente del pasado, construir sobre lo acontecido antes

Vamos por la vida desconectados de la sabiduría estratificada en nuestro cuerpo, transmitida a lo largo del tiempo por nuestros ancestros y sus experiencias. Buscar las respuestas fuera de nosotros, como si no dispusiéramos de recursos internos para guiarnos, es un proceso extenuante. Repetimos el pasado, en vez de canalizar el conocimiento de nuestro linaje.

La piedra arenisca demuestra el poder de recordar, de catalizar un conocimiento del pasado para crear unos cimientos que sustenten el futuro. Al construir sobre lo que aconteció antes, crea una clara distinción entre el pasado y el presente, ayudándonos a cambiar e integrar de forma creativa las lecciones que nos da la vida. Este registro dinámico de ensayo y error nos permite aprender de las distintas capas de experiencias de la historia y pasar a la acción basándonos en un conocimiento reflexivo. Acepta tu pasado y el de tus ancestros: las experiencias vistas y las no vistas, los traumas y los triunfos. Explora las revelaciones con honestidad y compasión. ¿Hay aspectos que no te apetece presenciar o que intentas evitar por todos los medios? Observar el pasado nos proporciona poder infinito y, como nos muestra la piedra arenisca, al aprender de la sabiduría transmitida, podemos pasar a construir un colectivo más consciente.

Integra la sabiduría del pasado siendo consciente de los estratos siempre que tengas dudas de cómo proceder y te sientas motivado. Deja que la piedra arenisca te inspire en:
• Equilibrio de los chakras (p. 156)
• Senderismo por zonas desérticas

Para explorar tus estratos recurre al ágata piel de serpiente, p. 122

¿Te sientes infinito? Pasa al cuarzo rojo, p. 216

Madera petrificada

Trascendental, cambiante, mística	**CUALIDAD**
Raíz, corona	**CHAKRA**
Transformación a lo largo del tiempo, redescubrir el misticismo de la naturaleza, ver el ciclo de la vida	**FOCO**

Existe una tendencia a desear que las cosas sigan igual. La continuidad es reconfortante y cuando nuestro mundo empieza a cambiar, reaccionamos con miedo y vemos la incertidumbre como una amenaza a la supervivencia.

La naturaleza, sin embargo, está en continuo movimiento y el cambio es la única constante de la que podemos estar seguros. La madera petrificada nos muestra que lo familiar puede transformarse en algo extraño, pasando de tener una esencia viva y en desarrollo a convertirse en una piedra cristalizada. Tiene un halo de trascendencia que nos anima a aprovechar al máximo los momentos que pasamos en la Tierra y a abrazar el tiempo.

Detente un momento y percibe lo que te rodea. ¿Qué está cambiando justo delante de tus ojos? ¿Qué está ansioso por evolucionar, pero tu miedo se lo impide? La madera petrificada te muestra la magia que se produce cuando te abres a la transformación.

Ábrete a la evolución energética siempre que sientas que te aferras al orden establecido. La madera petrificada te da misticismo en:
• Baño de bosque (p. 52)
• Silencio sereno (p. 238)

___

Encuentra tu propósito con la calcita miel, p. 118
Redescubre la naturaleza con la cianita verde, p. 80

Selenita naranja

Cálida, sensual, liberadora	**CUALIDAD**
Sacro, corazón	**CHAKRA**
Desplegar la energía creativa que hay en ti, intensificar los sentidos, descubrir un nuevo día	**FOCO**

Como en los sueños, a veces las piezas de la vida no encajan o no tienen sentido. Experiencias que pensábamos que habíamos procesado surgen de la nada en una oleada de emoción reabriendo profundas heridas. Con la estabilidad rota y la mente nublada, nos vemos dominados por el miedo y el dolor.

Si nos cuesta visualizar la vida más allá de las heridas, la selenita naranja estimula nuestros sentidos llevando las emociones hasta un lugar de concienciación. Su ritmo constante nos ancla y nos sentimos seguros en su calidez, lo que hace posible una liberación e integración profundas.

Busca un lugar tranquilo, donde la energía creativa pueda encontrar su visión más clara y revelar las ideas e inspiraciones que pueden llevarte hacia delante. Conecta con el suave tono de la selenita naranja allí donde la seguridad y la suavidad, la motivación y la inspiración revelan un proceso que te anima a la acción alineada para un renacimiento energético.

Abraza el nuevo día y cultiva la gratitud dando las gracias cada noche por las experiencias vividas. La selenita naranja ofrece sabiduría durante:
• Meditación al amanecer o atardecer (p. 31)
• Escritura sensitiva (p. 212)

___

¿Ansías un mayor flujo creativo? Mira la vanadinita, p. 41
Abraza las sensaciones con la turmalina roja, p. 87

Imágenes en p. 34

Madera petrificada

«La vida cambia en
todo momento.
Si abrazo su fluidez,
me transformo
mágicamente.»

Selenita naranja

«Mi creatividad fluye
gracias a mi habilidad
para encontrar la
quietud.»

Piedra arenisca

«Llevo la sabiduría de
mis ancestros en mi
interior, progreso en
la vida bendecido por
sus experiencias.»

Calcita roja

«Soy un ser divino sustentado por el universo.»

Calcita roja

Enriquecedora, empoderadora, monumental	CUALIDAD
Raíz	CHAKRA
Recrear los relatos de nuestra vida, obtener fuerza de nuestro interior, sentir nuestra divinidad	FOCO

TIERRA

Cuántas veces nos miramos y pensamos que somos pequeños e insignificantes. No nos cuesta ver la grandeza en los demás, pero nos cuesta abrazar nuestra propia divinidad. Atrapados en el valle, mirando hacia las montañas, nos parece imposible llegar a tener una visión más expansiva.

El suelo retumba bajo nuestros pies y la calcita roja emerge de las profundidades para empoderar nuestra autorreflexión. Nos levanta el ánimo y nos da alas para volar. De repente, el viaje monumental que supone desplazarse desde el valle hasta la cima de la montaña se convierte en una parte accesible de nuestra experiencia cotidiana. Vemos que somos capaces de existir a diferentes alturas, así como entre ellas y más allá, y nos damos cuenta de que somos simples manifestaciones de la energía divina.

Pasa las páginas de tu vida y descubre cuándo permites que las viejas historias te impiden volar. Expándete hacia las posibilidades ilimitadas cada vez que cierres los ojos mientras la calcita roja te guía para que hagas los ajustes necesarios en tu relato. Deja que el testimonio de tu importancia te permita volar, ofreciéndote un impulso empoderante que intensifique tu conexión con la divinidad que hay en ti.

Cultiva una conexión más profunda con tu divinidad siempre que empieces a sentirte insignificante.

La calcita roja te empoderará en:
- Meditación para conectar con la luz divina (p. 157)
- Contemplación en el espejo (p. 79)
- Escribe sobre tu vida

¿Te sientes épico? Prueba la baritina, p. 244

Recuerda tu fuerza con el cuarzo yacaré, p. 80

Jaspe del desierto

CUALIDAD	Armoniosa, imaginativa, integradora
CHAKRA	Todos, especialmente raíz y sacro
FOCO	Abrazar la interconexión, apreciar la complejidad de la vida, ir más allá de lo binario

En un mundo construido alrededor de lo binario, puede resultar difícil abrazar la coexistencia de las expresiones contradictorias que colorean nuestra experiencia. Queremos que quede claro si es lo uno o lo otro: simple y directo. No hay espacio para la complejidad propia de la vida. Perdemos la paciencia y nuestra esencia se transforma en un peligroso borde irregular.

En esos momentos en los que estamos supercentrados en nuestras expectativas sobre lo que algo es o debería ser, el jaspe del desierto modifica nuestra percepción, armonizando nuestra experiencia con el crecimiento y la gratitud, inspirando un modo más incluyente de ver la vida. La complejidad pasa de ser algo que evitamos a ser una cualidad que representa la totalidad. Te lleva más allá de lo binario, hasta una forma más plena de ser y relacionarte.

Da un paso atrás para poder tener una perspectiva más amplia. Observa de qué manera intentas encajar quién eres dentro de los límites de una mentalidad del tipo «esto o aquello». ¿Puedes mostrar más aprecio por las cualidades dinámicas de la vida? El jaspe del desierto nos enseña que es posible celebrar las contradicciones con amor y compasión, revelando lo rica y hermosa que es la vida cuando dejas que las diversas complejidades coexistan.

Redescubre un fuerte sentido de la totalidad cuando haya luna llena con el jaspe del desierto, que mitigará la tensión en:
- Meditación tomados de la mano (p. 157)
- Equilibrio de los chakras (p. 156)
- Notas de amor (p. 78)

Aprecia la complejidad con la thulita, p. 97
Para ver un todo mayor recurre a la iolita, p. 192

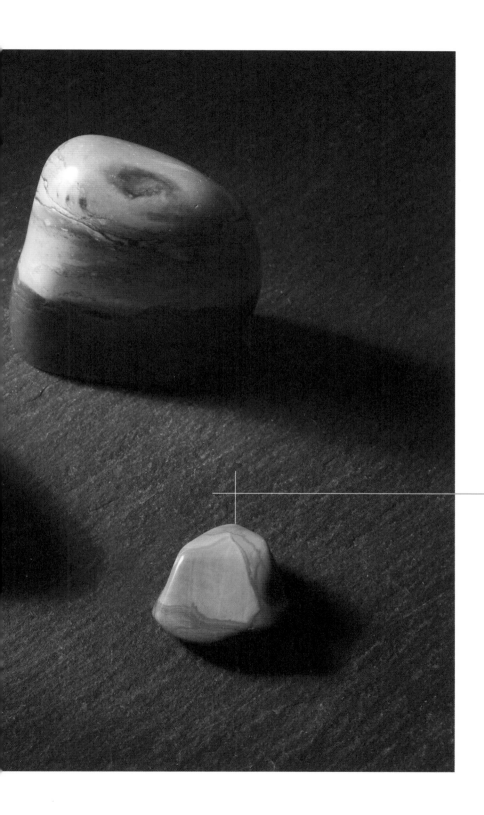

Jaspe del desierto

«Todo lo que soy y
siento puede coexistir
en armonía dentro de
un todo mayor.»

Granate almandino

CUALIDAD	Enraizante, segura, dinámica
CHAKRA	Raíz
FOCO	Encontrar tu centro mediante la reflexión, perseguir con persistencia las metas, energía constante

Atormentados por la incertidumbre y el miedo, los momentos más oscuros de nuestra vida siempre se hacen interminables. Son momentos en que todo parece ponerse en nuestra contra, cuando no basta con ser quienes somos.

Cuando la oscuridad gana terreno, el granate almandino nos ayuda a encontrar nuestro epicentro. Nos susurra al oído que la noche, con toda su vasta oscuridad, es el lugar donde los sueños cobran vida. Y siempre podemos dejar que estos nos motiven y nos inspiren confianza en situaciones que, de lo contrario, serían sombrías. Nuestra energía, renovada por el granate almandino, nos empodera para que sigamos adelante a pesar de estar asustados o inseguros.

Identifica las situaciones que hacen que te sientas desequilibrado. ¿Cómo impiden que consigas tus metas? Pídele a la energía fortalecedora del granate almandino que te ayude a creer en ti mismo y en los sueños que te parecen imposibles en los momentos difíciles.

Olvídate del miedo y refuerza tu energía para los momentos críticos. Usa el granate almandino durante:
- Lectura de los cristales (p. 212)
- Masaje y minerales (p. 134)
- Piedras en el cuerpo (p. 30)

¿Te sientes confiado? Usa la moldavita, p. 122
Para un plus de energía Usa a la fluorita amarilla, p. 119

Apatita dorada

CUALIDAD	Energizante, conectora, brillante
CHAKRA	Plexo solar, tercer ojo
FOCO	Encontrar tu fuego, Inspirar a tu comunidad, dejar que brille tu luz interior

Al ver brillar a la gente que nos rodea, deseamos tener esa misma capacidad y nos desconectamos de nuestro verdadero yo, ambicionando cosas que creemos que nos proporcionarán el mismo éxito y una aceptación similar. Pero eso hace que nos sintamos vacíos, solos y extraños.

Cada vez que nos comparamos y buscamos eso que nos dará la aceptación que deseamos, la apatita dorada nos atrae con su resplandor y nos lleva a descubrir nuestra propia luz. Una vez orientada nuestra conciencia, logramos ver la fuerza y la belleza de nuestro fuego interior. El brillo de los que nos rodean nos sirve de inspiración y también nosotros brillamos con fuerza. Energizados por esta revelación, dejamos que nuestro resplandor se una al de los demás creando faros llenos de inspiración que iluminan el mundo entero.

Aprende a mirar hacia dentro, haciendo que tu fuego interior brille más. ¿Qué sientes al resplandecer de dentro hacia fuera, mostrándote como realmente eres y no como una mera proyección? La apatita dorada nos revela la fuerza con la que una comunidad de personas puede brillar si cada una abraza su propio resplandor único.

Aviva tu llama interior todas las semanas o siempre que sientas una vacilación energética. Déjate guiar por la apatita dorada en:
- Meditación para conectar con la luz divina (p. 157)
- La mirada (p. 238)

¿Te sientes divino? Fluye hasta la kunzita, p. 215
¿Decidido? Dirígete a la rodolita, p. 101

Granate almandino

«Creo en mí y en
mis sueños. Todo
es posible.»

Apatita dorada

«Soy una luz que brilla
sin cesar, divina y
resplandeciente.»

CRISTALES

Piedra de río

«La vida fluye a mi
alrededor, dejo que
suavice mi energía para
poder moverme más
allá de la superficie de
mis experiencias.»

Vanadinita

«Mi energía es flexible,
sabe cómo moverse
para no dejar de fluir.»

40

Piedra de río

Todo aquello con lo que tenemos contacto nos va moldeando: lo agradable, lo desagradable y lo neutro. Nos zarandea una y otra vez hasta dejarnos agotados, de modo que parecemos víctimas de las agitadas aguas de la vida.

Las piedras de río brincan, deslizándose por la superficie para luego hundirse, aportándonos conocimiento. Con su superficie lisa, fruto del constante fluir del agua que pule sus bordes, se deslizan por los planos de la existencia y nos permiten ver la forma en que la vida nos moldea para lo que está por venir.

Observa cuándo sueles precipitarte. ¿Te has concedido tiempo para mirar con detenimiento y avanzar con un propósito? Las piedras de río representan la sabiduría que obtenemos cuando dejamos que la vida fluya con naturalidad a nuestro alrededor. Nos damos cuenta de que

Sabia, acogedora, pacífica	CUALIDAD
Todos	CHAKRA
Reconocer cómo nos moldean las experiencias, apreciar el paso del tiempo	FOCO

todo lo que experimentamos permite que nuestra energía se transforme en una vibración más ligera, apacible y compasiva.

Relájate en esta energía serena siempre que quieras ir más a fondo. Las piedras de río aportan más sabiduría en:
• Meditación acuática (p. 182)
• Baño ritual (p. 182)

¿En busca de sabiduría? Recurre a la piedra de los deseos, p. 188

¿Atrapado en la superficie? Profundiza con la perla, p. 168

Vanadinita

La vida está llena de distracciones. Las hay de todo tipo y nos dejan tratando de encontrar el camino de vuelta a nuestra cadencia. Nunca sabemos cuándo se materializarán y alterarán nuestro flujo. Lo único que sabemos es que antes o después lo harán.

A primera vista, el flujo y la estrategia parecen elementos contradictorios, pero la vanadinita los combina con una vibración altamente cargada de energía que nos empodera para que encontremos nuestro ritmo y para que nuestras inspiraciones se conviertan en creaciones. Los bloqueos y distracciones que surgen acaban siendo oportunidades de expansión creativa.

Identifica en qué punto entre el flujo y la estrategia te sientes más cómodo. Mira si puedes acercarte al que más te cuesta. La vanadinita nos proporciona la sensibilidad necesaria para saber cómo movernos entre las dos y cómo sortear la

Creativa, inspiradora, ágil	CUALIDAD
Sacro, plexo solar, tercer ojo, corona	CHAKRA
Elaborar estrategias, hallar tu ritmo	FOCO

típica experiencia que surge de las distracciones. Desarrolla tu propia danza energética para que tu creatividad siga fluyendo y tus sueños manifestándose.

Estimula tu imaginación siempre que te sientas bloqueado. La vanadinita te guiará en:
• Meditación del canal dorado (p. 238)
• Contemplación de las estrellas (p. 52)

¿Inspirado? Deja que la esteatita te guíe más allá, p. 110

¿Has hallado tu ritmo? Prueba la rodocrosita, p. 133

Jaspe rojo

CUALIDAD	Estabilizadora, vigorizante, enriquecedora
CHAKRA	Raíz, sacro
FOCO	Afianzamiento, conexión con el entorno, descubrimiento

¿Has vivido momentos en los que te parecía imposible sentirte enraizado y avanzar al mismo tiempo? A veces no es fácil lograr un equilibrio entre seguir adelante y alcanzar la estabilidad que te permita sentirte sostenido y exitoso en tu empeño. Algo parecido sucede al cavar en la dura arcilla rojiza del desierto: picas y picas para acabar viendo que apenas has arañado la superficie.

El jaspe rojo te recuerda que debes hacer una pausa y reconsiderar la situación desde otros puntos de vista, absorbiendo toda la información que te rodea. Imagínate echando raíces, encontrando sustento y alimento en la Tierra. ¿Qué puedes obtener de tu entorno? ¿Hay algún otro enfoque que no hayas tenido en cuenta? Las plantas del desierto esperan a que las lluvias del monzón ablanden la tierra arcillosa y luego extienden las raíces. Si prestas atención a las pistas que te ofrece el jaspe rojo sobre la sabiduría del entorno, te sentirás con fuerzas de probar algo nuevo. Y al hacerlo, descubrirás el camino más fácil para conseguir la estabilidad y el éxito que buscas.

Reconecta con el entorno siempre que te sientas refrenado. El jaspe rojo favorece:
• Meditación caminando (p. 30)
• Escritura sensitiva (p. 212)

Jaspe rojo

«Presto atención a la
sabiduría de mi entorno
en busca de directrices
que me ayuden.»

¿Energizado? Explora el abulón, p. 163
¿Indeciso? Anímate con la dolomita, p. 71

Calcita verde

«Mi energía es inmensa y
mágica, circulo por las
transiciones con gracia
y facilidad.»

Calcita verde

Calmante, liberadora, inmensa	CUALIDAD
Corazón	CHAKRA
Ablanda el corazón, aumenta el flujo de generosidad, calma los espíritus ansiosos	FOCO

Pasamos el día bailando entre el instinto y la emoción. La transición del uno a la otra puede crear ansiedad y nos hace cerrar el corazón. Los recuerdos, emociones y miedos quedan dentro de nuestro cuerpo, haciendo que nos resulte difícil vivir con confianza y amor.

Cuando la vida es un obstáculo insalvable y la ansiedad se dispara, la calcita verde acude al rescate. Su aura tranquilizadora acalla los miedos y nos da una sensación de confianza sosegada. Empezamos a recordar lo que se siente cuando uno se limita a ser. Nuestro corazón pierde la rigidez y encuentra la forma de volver a conectar.

Permanece erguido mientras reconectas con tu inmensa energía mágica. ¿Hacia dónde puedes expandir tu esencia? La calcita verde es la clave para recuperar la memoria de nuestro estado natural, un lugar de neutralidad que permite la conexión. Todo es parte del proceso de reivindicarte. El mundo te está esperando.

Encuentra quietud y calma cerca de la naturaleza. La calcita verde profundiza:
• Silencio sereno (p. 238)
• Yin yoga con cristales (p. 134)

Para ablandar el corazón recurre a la calcita rosa mangano, p. 85

¿Te sientes monumental? Acude al diamante, p. 208

Ónix

«Cada movimiento de
mi ser es una expresión
de amor con la que
me nutro.»

Sodalita

«Confío en mi intuición
para mantenerme
conectado y seguro.»

Sodalita

Es fácil obsesionarse con las dificultades y las peores hipótesis. La imaginación se desboca provocando dramas internos que la mente devora y usa para distraernos y evitarnos vivir el presente. ¿Cómo fomentar las relaciones positivas entre nosotros cuando intervienen estos pensamientos?

La sodalita desencadena descargas en nuestro interior para sacarnos de las ilusiones paralizantes que nos atrapan en el miedo. Nuestra intuición encuentra el equilibrio y nos guía hacia la verdad, donde descubrimos que todo va a ir bien. Podemos respirar un poco más profundamente y ver las cosas desde la reflexión sincera.

Observa en qué momentos tu preocupación domina tu expresión. Míralos como una oportunidad de reconectar con la intuición y apóyate en la verdad para recalibrar tus pensamientos. Deja que la percepción de la

Intuitiva, concienciadora, recalibradora	CUALIDAD
Tercer ojo, garganta	CHAKRA
Desarrollar la fe, conversaciones conmovedoras, verse como suficiente, soltar las preocupaciones	FOCO

sodalita te saque de la fantasía. Deja que te lleve a creer que eres suficiente, que la fe tirará de ti.

Encarna la expresión más plena de la conexión y la orientación intuitiva siempre que se apropie de ti la preocupación.

La sodalita sustenta:
• Reiki (p. 182)
• Hablar en público

¿Atrapado en la fantasía? Ábrete al aragonito, p. 125

¿Listo para conectar? Prueba la escolecita, p. 84

Ónix

Durante el día vamos con el piloto automático, cayendo en hábitos que nos determinan. Cambiar la rutina es una tarea complicada, especialmente cuando nos falta la motivación o el entusiasmo.

No anhelamos la espontaneidad, sino que lo que hacemos tenga sentido. El ónix potencia la determinación y hace que veamos las razones profundas de nuestras acciones. Nos ayuda a tomar decisiones que reflejen nuestras intenciones.

El ónix te proporciona una idea más clara de la energía que impulsa tus acciones. ¿Cuál es su propósito? ¿Te sientes respaldado por ellas? Cuando somos capaces de conectar con el significado, nos resulta más fácil encontrar la motivación para seguir adelante. El ónix nos permite experimentarlo plenamente a nivel visceral, haciendo que cualquier movimiento de nuestro cuerpo pase de ser un hábito o rutina a

Centrada, seria, ceremonial	CUALIDAD
Raíz, tercer ojo	CHAKRA
Aumentar la concentración, prácticas de encarnación, fomentar rituales más profundos	FOCO

transformarse en un ritual consagrado. Y al hacerlo, cada acción se convierte en una expresión de amor y nos sentimos nutridos.

Incorpora el significado profundo tras las acciones siempre que caigas en una rutina sin sentido. El ónix influye enormemente en:
• Creación de un ritual
• Reiki (p. 182)

¿Buscando el sentido? Prueba el cuarzo rutilado, p. 126

¿Debes romper un hábito? Recurre a la amatista, p. 207

Turquesa

CUALIDAD	Consciente, respetuosa, cambiante
CHAKRA	Plexo solar, corazón, garganta, corona
FOCO	Reconectar con la tierra, integrar la sabiduría de los ancestros, aprecio

El suelo que pisamos forma los cimientos de nuestra vida, física y energéticamente. Lo damos por sentado, olvidando que es crucial para nuestra existencia. Nos conecta con nuestros ancestros.

La turquesa nos recuerda que debemos aceptar que el pasado reverbera en el futuro. Nos anima a reconocer lo que ha pasado antes, desde un punto de vista geológico, ancestral y espiritual, alterando la expresión y los valores del presente.

Traza líneas a través del tiempo que conecten los elementos de tu esencia con aquellos de tu linaje. ¿Hay aspectos de tu expresión que das por sentado, sin darte cuenta de que te fueron transmitidos a través de infinitos momentos de desafío, resiliencia y exploración? La turquesa nos ayuda a recibir la sabiduría de todas las épocas pasadas como un obsequio. Aprecia más intensamente esta sabiduría heredada reconociendo que también tú la transmitirás.

Honra esta energía reflexionando y conectando con la tierra con regularidad. Deja que la turquesa aumente tu comprensión en:
• Siesta mineral (p. 182)
• Jardín de piedras (p. 52)

Expande el aprecio con la fluorita azul, p. 172
Mírate a través del tiempo con la amonita, p. 21

Ágata musgosa

CUALIDAD	Edificante, entusiasta, ingeniosa
CHAKRA	Plexo solar, corazón, corona
FOCO	Recuperación, inspirar optimismo, descubrir oportunidades

A veces nuestra situación nos parece hostil. No disponemos de espacio para expandirnos ni de las condiciones adecuadas para prosperar. Otras veces perdemos lo que nos da confianza o estabilidad, y acabamos sucumbiendo al miedo. El mundo se convierte en un lugar inhóspito sin esperanza en el horizonte.

Como los zarcillos que crecen en las grietas de las rocas, el ágata musgosa nos ofrece una relación más entusiasta con el espacio. Su ingenuidad y optimismo enseguida nos animan y nos hacen ver la oportunidad de creer y de sacar el máximo partido a la situación. Este enfoque nos ayuda a recuperarnos cuando nos venimos abajo, encontrando nuevas vías de expansión.

Observa si te desanimas cuando los espacios y las situaciones en las que te encuentras parecen desfavorables. Permítete identificar lo que está fuera de lugar. Luego sigue el ejemplo del ágata musgosa y abraza un enfoque más entusiasta. Un simple toque de optimismo puede revelar oportunidades y apoyos ocultos que has pasado por alto. A veces hay que caerse y volverse a levantar para poder ver las cosas desde otro punto de vista.

Conecta con esta energía optimista siempre que te sientas desanimado. El ágata musgosa mejora el ánimo en:
• Baño de bosque (p. 52)
• Meditación del canal dorado (p. 238)

¿Te sientes esperanzado? Salta a la calcita naranja, p. 130
¿Perdido en la maleza? Ábrete a la calcita óptica, p. 219

Turquesa

«Aprecio la sabiduría
que me han transmitido
mis ancestros.
Sus esfuerzos inspiran
mi supervivencia.»

Ágata musgosa

«Abro los ojos para ver
las posibilidades que hay
a mi alrededor.»

Jaspe kambaba
«Soy uno con la
Tierra.»

Jaspe kambaba

Enraizante, enriquecedora, equilibradora	CUALIDAD
Raíz, corazón	CHAKRA
Conectar con el mundo natural, estabilizar el espíritu	FOCO

Existimos en un mundo que se ha desconectado de los elementos, de la naturaleza. Lo notamos cada vez que salimos y nos cuesta encontrar quietud y silencio allí donde debería haberlos. Nuestro cuerpo anhela ser sostenido por la Tierra, pero los avances de la sociedad ahogan su deseo.

El hecho de ver más allá de nosotros mismos, hasta los orígenes de la vida, nos ofrece una inmensa estabilidad, y el jaspe kambaba nos la proporciona con su energía enraizante y equilibradora. Los ojos que todo lo ven de su superficie, compuestos de bacterias y algas fosilizadas de cuando la Tierra estaba en su etapa inicial, transmiten una sensación de sabiduría que solo puede darse al presenciar el paso del tiempo. Nos dejamos mecer dentro de la Tierra y a la vez nos expandimos fuera de ella, completando el círculo de la vida que unifica nuestro mundo.

Encuentra las piezas de tu vibración que están ávidas de sentirse sostenidas y de ser expansivas, especialmente aquellas que podrían beneficiarse de ser vistas en el marco de los ciclos rítmicos de la vida. Deja que el jaspe kambaba reavive tu conexión con el mundo natural. Observa cómo abre tu corazón y nutre tu espíritu para que puedas sentirte completo.

Incorpora esta energía siempre que puedas cuando estés en contacto con la naturaleza. El jaspe kambaba enraíza en:
• Piedras en el cuerpo (p. 30)
• Silencio sereno (p. 238)
• Contemplación de los cristales (p. 213)

TIERRA

¿Listo para dar fe? Prueba la hidenita, p. 72
Aviva tu fuego interno con la fluorita amarilla, p. 119

Rubí

CUALIDAD	Enriquecedora, empoderante, provocativa
CHAKRA	Raíz, sacro
FOCO	Encontrar tu pasión, desarrollar confianza interior, vivir con más entusiasmo

Las convenciones sociales nos llevan a creer que debemos mostrarnos fríos, hacer ver que no nos importa. Esta actitud indiferente empaña nuestra alegría natural y nos hace huir de lo que nos interesa. ¿Cómo vamos a disfrutar de la vida y a conectar con los demás si siempre fingimos, si hacemos cosas que no nos iluminan por dentro?

Para mostrarnos cómo somos y abrazar la vida con entusiasmo, debemos confiar en nosotros. El rubí actúa como las brasas que mantienen encendido nuestro fuego. Es una fuerza poderosa que nos impulsa a lograr nuestros sueños y nos muestra que nuestras pasiones no son solo cosas que hacemos para divertirnos.

Usa la respiración para hacer que la energía del rubí circule por tu cuerpo. Su poderoso flujo te reactivará. Mientras nutre cada célula de tu cuerpo y notas cómo aumenta tu confianza, piensa en cómo quieres mostrarte al mundo. Concédete permiso para ser valiente y soñar. Deja que tu presencia entusiasta lleve a otros a hacer lo mismo.

Canaliza esta energía vital siempre que sientas que, para encajar, estás censurando tu pasión. El rubí aporta vitalidad adicional en:
• Circulación del corazón (p. 31)
• Trabajo de respiración (p. 156)

Rubí

«Mi pasión me muestra el camino, mi entusiasmo ilumina mi mundo.»

Sube de intensidad con la fluorapofilita, p. 153
Descubre qué te ilumina con la eudialita, p. 94

Topacio dorado
«Mi luz brilla y hace que otras luces brillen también.»

Topacio dorado

Radiante, decidida, esclarecedora	CUALIDAD
Raíz, plexo solar	CHAKRA
Nutrirse uno mismo, apreciar la colaboración, conectar con tus intenciones más profundas	FOCO

Nuestro brillo interior se desenfoca cuando dirigimos la vista al resplandor de los que nos rodean. Lo mantenemos oculto por miedo a no impresionar a los demás con su tono apagado. Olvidamos alimentar nuestra llama interna con aceptación, alegría y amor.

Nuestra energía arde discreta como una vela dentro de nosotros. El topacio dorado nos anima a nutrirnos para que nuestra llama interior no se apague. Nos ayuda a ver que el brillo, por pequeño que sea, puede marcar una gran diferencia. No se trata de iluminar toda la estancia, sino de reconocer que nuestro brillo basta para guiarnos.

Observa cómo el topacio dorado llena tu luz de intenciones puras y te abre los ojos para que la veas con mucho amor. ¿Notas que tu brillo aumenta al estar con otros? ¿Y que también su brillo aumenta en tu presencia? Cuando nos juntamos y nos limitamos a brillar, la luz que hay en cada uno de nosotros resplandece más y somos capaces de iluminar el mundo.

Mantén tu fuego encendido con el topacio dorado en:
• Meditación del canal dorado (p. 238)
• Meditación del aura (p. 213)

Para tu resplandor interno usa cuarzo sanador dorado, p. 145

Para manifestar tus deseos recurre a la malaquita, p. 88

Abrazar la naturaleza

Las piedras potencian nuestra conexión con la naturaleza, que está en nosotros y a nuestro alrededor, haciendo que el cuerpo, la mente y el alma recuperen el equilibrio con el universo. Al sumergirnos en el misticismo simbiótico de la Tierra y el cosmos, reavivamos la esencia natural que hay en cada uno de nosotros.

Contemplación de las estrellas

El cielo nocturno, lleno de cuerpos celestes que están a millones de kilómetros, nos recuerda lo vasto que es el universo. Solo en las noches más oscuras podemos ver todas las estrellas del firmamento, un reflejo de nuestro propio despertar cósmico. En una noche oscura, lejos de las luces de la ciudad y, para que la visibilidad sea óptima, con luna nueva, túmbate con una piedra que tenga para ti un significado especial sobre el cuerpo. Relájate ante la grandeza del cosmos al menos una hora para saborear esta percepción expandida.

Baño de bosque

Los árboles, que absorben nutrientes minerales del suelo, nos enseñan lo importante que es enraizarse bien antes de expandirse. No es solo que el aire que respiramos junto a ellos es más dulce y limpio, sino que sumergirnos en su belleza nos permite sentir los estratos del tiempo, recordar las infinitas posibilidades del mundo y nutrir nuestra alma. Toma tus piedras favoritas y sal a dar una vuelta por una zona boscosa. Respira profundamente mientras paseas e imaginas que tu ser absorbe la energía mineral. Párate a observar cada tronco, cada hoja y cada tonalidad de verde.

Contemplación de las nubes

De un modo parecido a los sueños, las nubes y las formas que adoptan nos revelan cosas sobre dónde se encuentra nuestra mente en ese momento. Al contemplar las nubes, permitimos que nuestra mente vague tranquilamente. Túmbate en un lugar donde puedas observar el cielo y coloca alrededor de tu cuerpo cinco piedras que te inspiren. Disfruta de la gozosa y profunda sensación de renovación que experimenta tu mente mientras observas las formas, los recuerdos o las ideas que te inspiran.

Jardín de piedras

La expresión energética de la Tierra nutre a todos los seres vivos para que puedan llegar a ser. Cuidar de un jardín es una manera de redescubrir esta energía. Cultiva una relación con los minerales consustanciales al suelo plantando conscientemente, apreciando el entorno y escogiendo una piedra a la que no afecte el agua para adornar la base de la planta. Crea tu propio ritual para cuidarlo de acuerdo con las necesidades de tus plantas. Deja que sea un momento de meditación en el que veas el cuidado que dedicas a la Tierra como sinónimo del cuidado que te dedicas a ti.

En sentido horario desde arriba: turquesa p. 46,
aragonito p. 125, **hematita** p. 24, **piedra hada** p. 211,
quiastolita p. 62, **ópalo de fuego** p. 116, **jaspe dálmata** p. 91,
vanadinita p. 41, **lapislázuli** (centro) p. 204

Cuarzo ahumado

CUALIDAD	Enraizante, edificante, expansiva
CHAKRA	Raíz, corona
FOCO	Encontrar tu centro, circular por las transiciones, equilibrar el caos

CRISTALES

Hay una tensión entre los planos espiritual y físico que siembra el caos en nuestra vibración interna. Atrapados entre estas dos fuerzas, nos sentimos en conflicto con los valores y mensajes recibidos en ambos extremos del espectro. Atrapados en medio, a menudo nos preguntamos si es posible circular entre ellos con dignidad.

Siempre que estamos en alguna transición compleja, el cuarzo ahumado nos proporciona un ancla que nos mantiene amarrados, para que los sentimientos abrumadores no nos arrastren. Hace que nuestras raíces se hundan más en el suelo para equilibrar nuestra expansión y que podamos prosperar. Con su apoyo, aprendemos a aceptar la dualidad de nuestras experiencias, eliminando la necesidad de ir de lo espiritual a lo físico.

El cuarzo ahumado nos eleva hasta un espacio de calma emocional, donde podemos cuestionar la dualidad representándola como una esencia unificada en nuestro interior.

Esta sensación de totalidad y de paz interior son los cimientos que necesitas para expandirte sin miedo. Empoderado por el cuarzo ahumado, explora lo lejos que puede llegar tu energía.

Disfruta de esta energía unificada siempre que el caos amenace con interrumpir su flujo. El cuarzo ahumado armoniza durante:
- Baño ritual (p. 182)
- Siesta mineral (p. 182)
- Equilibrio de los chakras (p. 156)

¿Te sientes centrado? Acude a la selenita, p. 223

¿Atrapado en la tormenta? Dirígete al ópalo rosa, p. 109

Ópalo verde

Acogedora, reconfortante, liberadora	CUALIDAD
Corazón	CHAKRA
Cultivar la esperanza, curar el sufrimiento, profundizar la perspectiva espiritual	FOCO

Los traumas que creíamos superados nos pillan desprevenidos cuando reaparecen sin previo aviso. Nuestra primera reacción es apagar las luces y escondernos, pero las viejas heridas siguen ahí a la espera.

Cuando nos enfrentamos a algún trauma del pasado, es fácil que caigamos en viejos hábitos. El ópalo verde elimina esas emociones y pensamientos negativos, dejando espacio para una nueva perspectiva. El ópalo verde nos recuerda que, aunque el trauma forme parte de nosotros, nuestra manera de tratarlo puede cambiar nuestros sentimientos. En las situaciones difíciles, ¿qué puedes hacer para recibir el trauma como a un amigo y no como un recuerdo inquietante? Puede que aparezca y altere tu espacio recién sanado, pero cuando desaparezca, tu perspectiva se ampliará y te sentirás más en paz.

Cultiva esta energía acogedora siempre que tu perspectiva sobre la sanación se tense. El ópalo verde te orientará más profundamente en:
• Red de compasión (p. 106)
• Yin yoga con cristales (p. 134)

¿Lleno de esperanza? Recurre a la lepidolita, p. 77
Intensifica tu espiritualidad con la azurita, p. 235

Magnetita

Magnética, gratificante, entusiasta	CUALIDAD
Raíz, plexo solar	CHAKRA
Disfrutar la vida al máximo, alimentar nuestras pasiones, cultivar la alegría	FOCO

¿Cuáles son tus pasiones? ¿Cómo las alimentas? Estamos ansiosos por sentir la vida desde ese espacio de alegría que bulle cuando vivimos nuestros sueños. Sin embargo, siempre hay alguna excusa que nos acecha: «Ahora no», «Tal vez luego» o «Es demasiado para mí».

Siempre que nos distanciamos de lo que nos ilumina, perdemos momentos de alegría. La magnetita nos recuerda que solo tenemos una vida. Si la posponemos esperando el momento perfecto, puede que este no llegue nunca.

Haz una lista con todas las cosas que te hacen resplandecer. ¿Cuántas de ellas llevan tiempo abandonadas, acumulando polvo? Concédete permiso para volver a incorporarlas a tu vida. La magnetita nos muestra el camino para que sean nuestras pasiones las que nos guíen. Cuando dejamos que sea la alegría la que manda, nuestra aura se vuelve magnética y atrae todas las oportunidades serendípitas. Nuestra vida se transforma en una aventura excitante con un nuevo horizonte detrás de cada esquina.

Abraza esta fascinante energía cuando la vida se vuelva monótona. La magnetita suscita:
• Circulación del corazón (p. 31)
• Red de creatividad (p. 106)

¿Has encontrado tu pasión? Acude al jaspe unakita, p. 232
¿Listo para vivir la vida? Recurre a la piedra sangre, p. 149

Imágenes en pp. 56-57

Ópalo verde

«No es la ausencia de dolor lo que indica que me estoy curando, sino mi forma de tratar ese dolor.»

Jaspe mokaíta

«Me muevo con intención para apreciar la belleza de la vida.»

Magnetita

«Mi alegría es magnética. Atrae mis deseos hacia mí de forma fortuita.»

Cuarzo ahumado

«Estoy centrado en mí, no hay nada que no pueda manejar.»

Jaspe mokaíta

Relajante, apreciativa, reflexiva	**CUALIDAD**
Raíz, sacro, corazón	**CHAKRA**
Bajar el ritmo, cultivar un significado más profundo, reorientar la perspectiva	**FOCO**

A veces nos movemos demasiado rápido. Nos apresuramos a hacer las cosas, a terminarlas, para poder pasar a lo siguiente. Con las prisas, perdemos perspectiva y capacidad de conexión. Las cosas se convierten en casillas que marcar, en vez de ser experiencias con sentido.

La naturaleza nunca se precipita. Se toma todo el tiempo del mundo. Y el jaspe mokaíta, con su tonalidad terrosa y su vibración enraizada, nos muestra que la naturaleza hace las cosas con calma, paso a paso. Reorienta nuestra perspectiva y nos vuelve a poner en contacto con el lado más agradable de la vida, ese que no depende de la cantidad de cosas que hacemos, sino de la cantidad de cosas que apreciamos.

En algún momento del día, para un instante y reflexiona. ¿Te mueves con intención y apreciando las cosas? El jaspe mokaíta nos calma los nervios y nos devuelve a un ritmo neutro que nos permite apreciar la energía de nuestro entorno. Si quieres llevar una vida plena, debes bajar el ritmo para poder disfrutarla.

Disminuye tu energía siempre que te sientas acelerado. El jaspe mokaíta enraíza en:
• Silencio sereno (p. 238)
• Siesta mineral (p. 182)
• Yin yoga con cristales (p. 134)

TIERRA

¿Te mueves con lentitud? Prueba la hemimorfita, p. 179
Encuentra un ritmo neutral con el rutilo, p. 91

Hiperstena

CUALIDAD	Reconfortante, relajante, alentadora
CHAKRA	Raíz, tercer ojo
FOCO	Escuchar tu voz interior, cultivar la paz, calmar la energía

El estímulo continuo propio de nuestros tiempos hace que hoy en día el silencio sea difícil de encontrar. La falta de espacios para desconectar y escuchar a nuestro tranquilo cómplice interno nos hace descarrilar. Y acabamos buscando la paz en los sitios equivocados.

Cuando no tenemos a dónde ir y nos toca apañarnos con lo que hay, la hiperstena nos conforta con su energía aterciopelada y nos ayuda a buscar refugio en nuestro interior. Apacigua nuestra percepción del mundo exterior para que podamos viajar por nuestro paisaje interior sin distracciones, proporcionándonos el respiro que tanto necesitamos.

Escucha tu voz interior. ¿Puedes oírla en medio del parloteo? Los entornos propicios para la reflexión están más cerca de lo que imaginas. Deja que la hiperstena calme tu mente y te libere del caos. Apóyate en su sosegada vibración y encuentra la paz que te permitirá escuchar tu sabiduría interior.

Abraza esta energía calmante siempre que reine el caos. La hiperstena apacigua en:

- Reiki (p. 182)
- Escritura sensitiva (p. 212)
- Piedras en el cuerpo (p. 30)

¿Has encontrado tu paz interior? Déjate llevar hasta el mármol, p. 187

Explora tu paisaje interior con la wavellita, p. 172

Hiperstena

«Cultivo la paz interior para que pueda oírse mi sabiduría interior.»

Jadeíta

«Mi corazón está abierto y fluye. Veo cada una de mis acciones como un acto de amor que sustenta la armonía energética.»

Ágata de Botswana

«Siento la paz cuando doy un paso atrás y observo la situación en su conjunto.»

Jadeíta

Hay veces que nos apoyamos en el exceso y otras veces en la carencia. Si estamos demasiado tiempo en cualquiera de los dos extremos, acabamos atascados.

La jadeíta viene a nosotros cuando las cosas están desequilibradas e ilumina aquella parte de nosotros que necesita más atención, para que la reguemos con amor. Nos ayuda y nos recuerda que debemos tender una mano a aquellos que lo necesitan, construyendo relaciones más fuertes basadas en la confianza y el respeto mutuo.

Permítete reflexionar sinceramente sobre cómo te muestras en tus relaciones. Expande el concepto de relación para que lo incluya todo: animales, plantas, la Tierra en su totalidad. ¿Hay equilibrio entre el apoyo que recibes de tu comunidad y el que le proporcionas? La jadeíta restaura la armonía del ecosistema energético

Sabia, tranquila, equilibradora	**CUALIDAD**
Corazón	**CHAKRA**
Desarrollar comunidades más fuertes, fortalecer las relaciones	**FOCO**

con su amable percepción. Deja que su sabiduría te empodere para moverte por la vida con una conexión consciente y actuando de forma reflexiva.

Conecta con esta sabia energía siempre que sientas que tu vida está desequilibrada. La jadeíta abre el corazón en:
• Meditación tomados de la mano (p. 157)
• Práctica de gratitud (p. 78)

———————————

¿Equilibrado? Prueba la piedra del Sol, p. 129
Desarrolla la vulnerabilidad con el cuarzo yacaré, p. 80

Ágata de Botswana

Nuestra tendencia a centrarnos en las cosas pequeñas, en los detalles desconectados de la situación en su conjunto, nos deja sin sentido de la proporción, lo que distorsiona nuestra comprensión de la vida. Olvidamos que hubo un tiempo en que el mundo era una vasta extensión, y que se formó pieza a pieza.

Siempre que perdemos de vista el contexto que rodea nuestras experiencias, tendemos a exagerar su importancia. El ágata de Botswana lo pone todo de nuevo en perspectiva, determinando la proporción y recordándonos que lo que importa es la relación con el todo. Cuando adoptamos una visión más inclusiva, somos capaces de ver las cosas tal como son realmente.

El ágata de Botswana nos ayuda a expandir nuestra visión de las cosas. En su presencia, nos sentimos más abiertos y tranquilos. Piensa dónde

Alentadora, calmante, exploratoria	**CUALIDAD**
Raíz, plexo solar	**CHAKRA**
Ver la situación en su conjunto, mitigar las preocupaciones, iluminación	**FOCO**

puedes aplicar esta visión más amplia para poner en contexto tus sentimientos y experiencias. Observa cómo tu paisaje se vuelve más profundo a medida que te expandes y las preocupaciones cotidianas ocupan menos espacio.

Usa el ágata de Botswana para apoyar:
• Silencio sereno (p. 238)
• Siesta mineral (p. 182)

———————————

Para abrir más el plano recurre al ojo de tigre azul, p. 68
Descubre una nueva visión con la amazonita, p. 75

61

Quiastolita

«Abrazo las transiciones
de la vida con gratitud,
porque sé que todo
ocurre en sincronización
divina.»

Quiastolita

CUALIDAD	Devota, consciente, transitoria
CHAKRA	Raíz, corazón, corona
FOCO	Circular por la pena, volver a centrarse, reformular la pérdida

En la vida se dan innumerables encrucijadas, esos lugares en los que una cosa termina y otra empieza. Hace falta todo el valor del mundo para abrazar la transición. Nuestros miedos surgen porque nos parece imposible tomar decisiones cuando el futuro es incierto.

Estas encrucijadas de la vida nos empujan al límite emocional. La tensión se adueña de nuestro cuerpo. El tiempo disminuye su intensidad, pero eso no significa necesariamente que el dolor desaparezca. La quiastolita transmite respeto por lo que fue una vez y nos ayuda a liberar el miedo ante la incertidumbre de lo que vendrá. Nos anima a respirar hondo y observar el cambio con una mirada más relajada.

Reformula las transiciones como un punto de encuentro entre las distintas capas de tu experiencia, un lugar donde la energía puede juntarse. Bajo los cuidados de la quiastolita, las encrucijadas se transforman en una brújula, siendo nuestra alma su centro. Nos resulta fácil recorrer nuestro camino, tanto si hay dolor como si hay pérdida o incertidumbre en general, una vez que nos hemos vuelto a centrar en nuestra guía interior.

Conecta con tu brújula energética interior cuando la vida parezca incierta. La quiastolita te nutre en:
- Yin yoga con cristales (p. 134)
- Contemplación de las estrellas (p. 52)
- Meditación para conectar con la luz divina (p. 157)

¿Perdido en la pena? Pásate a la crisoprasa, p. 70
¿Necesitas más orientación? Recurre a la pegmatita, p. 96

Turmalina negra

Transmutadora, sustentadora, purificadora	CUALIDAD
Raíz	CHAKRA
Cambiar la energía, ver las experiencias desde todos los ángulos, dejar ir	FOCO

Durante el día vamos captando impresiones de nuestras interacciones. Cada experiencia es una impronta, que influye directamente en cómo nos sentimos y, por tanto, en cómo tratamos a los demás. No es fácil encontrar el camino de vuelta a la neutralidad.

Cuando nos cuesta librarnos de las influencias y experiencias que nos han afectado, suele ir bien reflexionar sobre todo lo que ha sucedido. La turmalina negra nos proporciona una imagen de 360 grados, lo que nos permite hacer borrón y cuenta nueva. En un acto de intensa purificación, presenta la situación de otro modo para que podamos volver a empezar de cero mañana.

Presta atención a las energías que captas durante el día y a cómo te afectan. ¿Puedes honrar las experiencias y dejarlas ir? La turmalina negra nos recuerda que buena parte del peso que cargamos no nos corresponde, y que solo con reconocer ese hecho podemos aligerar nuestra carga emocional, lo que aumentará el nivel de empatía de nuestro corazón.

Purifica tu energía cada vez que vuelvas a casa. Usa la turmalina negra en:
• Meditación caminando (p. 30)
• Baño ritual (p. 182)
• Equilibrio de los chakras (p. 156)

TIERRA

Turmalina negra

«Dejo las experiencias pasadas para poder empezar de nuevo con energía renovada.»

¿Quieres dejar ir un poco más? Pásate a la dioptasa, p. 105
¿Quieres abrir el corazón? Prueba con la prehnita, p. 68

Esmeralda

«Considero todo lo
que tengo y aprecio
la abundancia que
me concede la vida.»

Cuprita

«Soy sincero con
respecto a mis
intenciones.»

Esmeralda

Muchas veces damos por sentadas las cosas buenas de nuestra vida. Nos fijamos en prados más verdes, pero la distancia que nos separa de ellos distorsiona la realidad, pues los demás también sufren dificultades y pesares.

Cuando tenemos problemas o nos sentimos decepcionados, nos cuesta ver lo que tenemos. La esmeralda nos enseña que la abundancia viene de dentro y que la gratitud es clave para ser felices. Redirige nuestro foco: dejamos de centrarnos en lo que tienen los demás para ser conscientes de todo lo que tenemos nosotros.

Hay mucho por lo que sentirse agradecido en la vida y, sin embargo, hay muchas cosas que nos pasan por alto. La esmeralda nos ayuda a ver todo lo que damos por sentado. Cuantas más cosas agradezcamos, mayor será nuestra sensación de abundancia. Si somos agradecidos, la abundancia

Equilibradora, agradecida, satisfecha	CUALIDAD
Corazón	CHAKRA
Considerar todas las cosas buenas que tenemos, encontrar la verdadera abundancia, ver la vida desde una perspectiva mágica	FOCO

nos llenará el corazón y la mente, generándonos una gran satisfacción. Termina el día dando las gracias y sé consciente de lo hermosa que es tu vida.

Cultiva el agradecimiento todas las mañanas y todas las noches. La esmeralda intensifica:
• Práctica de gratitud (p. 78)
• Equilibrio de los chakras (p. 156)

¿Problemas de celos? Prueba la piedra hada, p. 211
¿Te sientes agradecido? Opta por al cuarzo girasol, p. 165

Cuprita

Es fácil prometer algo, lo difícil es cumplirlo. Nos da miedo tener que rendir cuentas. El miedo proviene de la obligación de ser productivos y demostrar nuestra valía. Prometemos en exceso porque creemos que es lo que los demás esperan, pero solo conseguimos sentirnos desbordados.

Al querer agradar, desconectamos de nuestra verdad. La cuprita nos devuelve a un lugar de comunicación sincera para que podamos comprometernos y actuar con reflexión. Decimos lo que sentimos y solo prometemos aquello que de verdad podemos ofrecer. Y en el proceso logramos inspirar más confianza.

Examina mejor las promesas que haces a los demás. ¿Puedes dejar que la energía reflexiva de la cuprita te empodere para ser más honesto con respecto a lo que eres capaz de hacer? Recibe su conocimiento como una invitación a ser más

Reflexiva, realista, vulnerable	CUALIDAD
Raíz, sacro, corazón	CHAKRA
Responsabilidad, acción reflexiva, comunicación sincera	FOCO

responsable. Observa cómo el hecho de ser más abierto y vulnerable fortalece tus relaciones y disminuye tu estrés. La cuprita apoya la vulnerabilidad en:
• Notas de amor (p. 78)
• Meditación tomados de la mano (p. 157)
• Circulación del corazón (p. 31)

¿Momento de ser responsable de tus acciones?
Prueba la shattuckita, p. 112
Conecta compasivamente con la cianita azul, p. 185

Estaurolita

CUALIDAD	Alineada, decidida, paciente
CHAKRA	Raíz, corona
FOCO	Conectar el mundo interior con el exterior, enraizar tu energía, descubrir la intención de tu vida

El mundo puede parecer un lugar inestable. Por naturaleza, ansiamos seguridad y estabilidad, y buscamos personas, lugares y experiencias que evoquen esos sentimientos. Nuestro cómplice interior nos susurra que conectemos con la tierra.

Cuando el movimiento del exterior nos supera, siempre podemos recurrir a nuestro interior. La estaurolita marca el punto donde ese mundo interior coincide energéticamente con el exterior. Eso nos permite encontrar nuestro centro y reconectar con la semilla de la intención que aporta un mayor significado a la vida. Nos recuerda nuestro propósito, nuestra ancla, nuestro porqué, lo que nos mantiene enraizados cuando todo lo demás se hunde en el caos.

Permítete descubrir lo que se siente al estar realmente seguro dentro de uno mismo. Cierra los ojos y relaja la mente para que tu intención disponga de espacio para manifestarse. La estaurolita nos proporciona la paciencia necesaria para prestar atención al susurro interior y la determinación para responder de forma alineada. Cuando escuchas a esta parte de ti, ¿puedes prometer que vivirás tu propósito con integridad?

Cultiva a diario la verdadera alineación y el enraizamiento. La estaurolita estabiliza el aura en:
• Contemplación en el espejo (p. 79)
• Equilibra los chakras (p. 156)
• Meditación diaria

Encuentra tu propósito con el cuarzo espiritual, p. 225
Ve más allá con el ágata de lazo loco, p. 102

Brookita

CUALIDAD	Fluida, reconectora, consagrada
CHAKRA	Raíz, corona
FOCO	Tender puentes sobre las brechas energéticas, energizar el espíritu, ser consciente del momento presente

La realidad tangible domina nuestra mente. Nos centramos tanto en lo que vemos, oímos y tocamos que olvidamos lo que podemos sentir energéticamente. La separación entre lo físico y lo espiritual hace que nos sintamos incompletos.

Cuanto más confiamos en lo físico, más nos cuesta sacar partido de la esencia intangible y de nuestra energía. La vibración vigorizante de la brookita nos lleva a un estado de pura presencia, y nos da un respiro para que experimentemos la sensación única de cada centro energético.

Explora el flujo de tu vibración. Síguelo por tu cuerpo a medida que entra, sale y rodea cada centro energético. Observa dónde se atasca o queda atrapado el flujo. Son las zonas en las que la brookita puede ayudarte a profundizar y reconectar. Abraza la energía fluida de la brookita y deja que te ponga de nuevo en contacto con las esencias intangibles de tu vida. Es cuando estas están conectadas con lo tangible cuando recordamos nuestra totalidad.

Siempre que sientas que algo está estancado y necesita un empujoncito, usa la brookita para:
• Equilibra los chakras (p. 156)
• Escritura sensitiva (p. 212)

¿Te sientes presente? Recurre a la danburita, p. 205
¿Te falta algo? Prueba la estibina, p. 150

Estaurolita

«Vivo mi
propósito con
integridad.»

Brookita

«Mi energía siempre
fluye. Voy con ella
allí donde va.»

Prehnita

CUALIDAD	Conectora, abierta, sustentadora
CHAKRA	Corazón, tercer ojo, corona
FOCO	Redistribuir la energía para equilibrarla, expandir el corazón, calmar la mente, proteger tu energía

Existe una rivalidad innata entre la razón de la mente y el deseo del corazón. Ambos compiten por decidir la dirección que debe tomar nuestra vida. Esta tensión nos hace dudar de nosotros mismos y acabamos tomando decisiones bajo presión y por miedo.

La prehnita interviene como mediadora señalándonos el lugar, entre el corazón y la mente, donde podemos obtener sabiduría a través de la colaboración. Su mensaje es claro: la sinergia no está en que uno u otro tome el mando, sino en que la mente y el corazón se unan para fortalecer el todo.

Cuando sientas que tu mente y tu corazón no se ponen de acuerdo y te cuesta decidir, haz una pausa para encontrar un terreno neutral. La prehnita, con su conectividad sustentadora, creará el espacio interior para potenciar la colaboración energética. Cuando el corazón y la mente trabajan conjuntamente, el progreso es exponencial.

Encuentra tu equilibrio energético con la vibración de la prehnita en:
- Trabajo de respiración (p. 156)
- Circulación del corazón (p. 31)

¿Atrapado en la mente? Recurre al lapislázuli, p. 204
Expande el corazón con el cuarzo rosa, p. 176

Ojo de tigre azul

CUALIDAD	Liberadora, exigente, empoderadora
CHAKRA	Corazón, garganta, plexo solar
FOCO	Encontrar la motivación para actuar, desarrollar la autoestima, expresar la verdad, discernimiento

Nuestro corazón anhela ser aceptado, quiere ser reconocido y amado. Al proyectarnos sobre el mundo que nos rodea, compartiendo lo que suponemos que nos concederá el deseo de nuestro corazón, el espacio entre la persona que somos y la persona que ve el mundo se agranda.

Cuando la desconexión crece, nuestra expresión se paraliza y dejamos que sean las expectativas de otros las que nos indiquen qué hacer, compartir y decir. El ojo de tigre azul nos señala dónde hemos renunciado a nuestra verdad a cambio de poder apaciguarnos. Nos lleva de vuelta a nuestro interior, ayudándonos a encontrar el camino hacia la expresión auténtica.

Reconoce la desconexión entre la persona que eres y la persona que ve el mundo. ¿Cómo de grande es el espacio entre ambas y cómo te hace sentir eso? El ojo de tigre azul te ofrece la oportunidad de recuperar la verdad, empoderándote para que puedas transmitir lo que sientes realmente y para que puedas compartir desde la fuerza interior. Siempre que dejamos brillar nuestra verdad, podemos ser vistos y amados por quienes somos, lo que nos permite librarnos de las mentiras que nos atan.

Fomenta el saber sereno con el ojo de tigre azul siempre que necesites revelar la verdad, mediante:
- Siesta mineral (p. 182)
- Ritual del deseo (p. 79)

Abraza tu brillo con el aragonito, p. 125
¿Te cuesta compartir? Ábrete a la cianita azul, p. 185

Prehnita

«Gracias a mi inspiración,
mi corazón y mi mente se
unen apoyándome en todo
lo que hago.»

Ojo de tigre azul

«Mi verdad inspira la
verdad de los que me
rodean. Su verdad
inspira la mía.»

AIRE

Crisoprasa

CUALIDAD	Reconfortante, revigorizante, enriquecedora
CHAKRA	Corazón, raíz, corona
FOCO	Navegar por las emociones intensas, encontrar consuelo tras experiencias desafiantes, crecimiento personal

La vida es una experiencia complicada. Un instante las cosas van bien y al siguiente se tuercen. Cuanto más intensas y anárquicas son las emociones (pena, pérdida, ira, miedo), más nos asusta lo que está por venir. En vez de procesarlo emocionalmente, dejamos que nos paralice.

Pero nuestra parálisis no hace que la vida se detenga, simplemente nos impide vivir una vida que valga la pena. La crisoprasa nos introduce de nuevo en los ciclos de la vida, ayudándonos a encontrar consuelo y significado incluso en los momentos más difíciles.

Los sentimientos intensos cobran vida: ¿Puedes apreciar el momento y dejar que te transforme? Siempre que los desafíos te superen, acude a la crisoprasa. Su vibración reconfortante te ayudará a apoyarte en las emociones, mitigando el miedo que te mantiene bloqueado y desconectado. Bajo su ala protectora, redescubrimos el flujo místico de la vida y nuestra alma recibe el alimento necesario para superar los momentos difíciles.

Crea un entorno energético sustentador con la crisoprasa en:
• Meditación tomados de la mano (p. 157)
• Piedras en el cuerpo (p. 30)

Crisoprasa

«Escojo sentir más intensamente. Mis sentimientos me recuerdan que la vida es relevante, complicada y hermosa.»

Navega por los momentos difíciles con el ágata, p. 189
¿Dolor creciente? Encuentra la calma con la tanzanita, p. 191

Dolomita

«Estoy siempre
aprendiendo y
creciendo, no pasa
nada por no saberlo
todo justo ahora.»

Dolomita

Segura, consciente, relajada	CUALIDAD
Tercer ojo, sacro	CHAKRA
Reducir el estrés, sentirse a gusto con lo desconocido, cultivar la honestidad emocional	FOCO

Todos nos hemos sentido apurados alguna vez cuando se espera que demos una respuesta y la que se nos ocurre no es lo bastante buena. A lo mejor ni siquiera tenemos respuesta. Seguimos hablando en círculos para disimular cuánto nos incomoda no poder responder con seguridad.

Sentimos estrés si tenemos que explicar o justificar. La dolomita mitiga la presión, disminuyendo nuestro ritmo y haciendo que pasemos de una postura defensiva a otra de honestidad emocional. En el proceso, aprendemos a tomarnos el tiempo necesario para reflexionar más detenidamente. Aprendemos que no pasa nada por no tener todas las respuestas.

Cuando nos sentimos presionados, es fácil que respondamos sin armonía. Cuando afrontes una situación difícil y no conozcas la respuesta, sigue el ejemplo de la pausa y la vibración relajantes de la dolomita. Deja que tu cuerpo, tu mente y tu espíritu se armonicen, para que tu expresión sea la de la integridad. Ten la valentía suficiente para decir «no lo sé» y verás cómo tu estrés disminuye y tu confianza aumenta.

Usa la dolomita para disminuir la presión en:
• Yin yoga con cristales (p. 134)
• Silencio sereno (p. 238)

¿Temor a estar equivocado? Prueba a la esfalerita, p. 150
Potencia la confianza con la apofilita transparente, p. 207

Cobaltocalcita

CUALIDAD	Activadora, iniciadora, transformadora
CHAKRA	Corazón, plexo solar
FOCO	Profundizar la amistad, abrirse al amor, alejarse del rechazo

Las personas somos criaturas sociales cuya vida se construye en torno a las relaciones con los demás. Esta necesidad de conexión, de encontrar y experimentar el amor en todas sus formas, puede desembocar en un parón brusco cuando aparecen nuestros miedos y traumas subyacentes, atenuando las llamas.

La chispa amorosa debe caer sobre algo que prenda para que el fuego se encienda. La cobaltocalcita nos enseña a crear un entorno en el que pueda prosperar el amor haciendo que seamos conscientes de los hábitos, comportamientos y traumas que interfieren en él. Una nueva perspectiva facilita las acciones necesarias para abrirse al amor.

Cuando desees amor y conexión, pero te parezca que no los recibes, pregúntate si no estarás cerrando tu corazón. La cobaltocalcita activa la sanación del alma a nivel profundo, para suavizar los bordes rugosos de tu energía, y aporta más conciencia amorosa. Somos capaces de ver dónde y cómo estar más presentes en nuestras relaciones y de pasar de aquellas que ya no dan más de sí. El amor empieza a fluir como un río y estamos lo suficientemente abiertos como para disfrutar del camino.

Provoca un rápido aumento de la conciencia amorosa usando la cobaltocalcita en:
• Circulación del corazón (p. 31)
• Meditación tomados de la mano (p. 157)
• Reiki (p. 182)

¡Más amor por favor! Prueba la turmalina rosa, p. 94
¿Corazón atascado? Pásate a la escolecita, p. 84

Hiddenita

CUALIDAD	Reveladora, satisfecha, renovadora
CHAKRA	Corazón, plexo solar
FOCO	Encontrarse a uno mismo, redescubrir tu corazón, sentirse completo

Hay momentos en que parece que todo va mal sin razón aparente. Sentimos un gran vacío y la necesidad apremiante de llenarlo, así que nos ponemos a buscar algo que pueda darnos sensación de plenitud, sin saber exactamente de qué se trata ni dónde encontrarlo.

Vamos por la vida buscando por todas partes, pero no sabemos que lo que buscamos siempre ha estado en nuestro interior. La hiddenita dirige nuestra mirada directamente hacia allí, hacia el lugar donde descubrimos la plenitud expansiva que nos nutre.

Si estás buscando esta sensación de plenitud, pregúntate por qué no se te ha ocurrido mirar dentro de ti. ¿Has olvidado mirar en tu propio corazón? El sutil empujón en la dirección correcta de la hiddenita nos ayuda a recuperar cualquier cosa que echemos en falta. Nos devuelve a la armonía centrada en el corazón para que podamos sentirnos completos y a gusto.

Usa la hiddenita para que el corazón se expanda y el espíritu se sienta completo en:
• Escritura sensitiva (p. 212)
• Siesta mineral (p. 182)

¿Corazón abierto? Expándelo más con la fuchsita, p. 24
Recuerda lo que vales con la apatita dorada, p. 38

72

Cobaltocalcita

«Respiro hondo y abro
el corazón al amor en
todas sus formas.»

Hiddenita

«Mi energía se centra
en el corazón,
Me siento completo.»

Turmalina sandía

CRISTALES

CUALIDAD	Alegre, liberadora, edificante
CHAKRA	Corazón
FOCO	Activación centrada en el corazón, redescubrir la alegría, inspirar efervescencia energética

En los momentos difíciles, puede ser que nos cueste estar alegres. Nuestra visión se centra en la turbulencia y la intensidad, y perdemos la capacidad de ver la alegría en nuestra vida. Nos sentimos agobiados y deprimidos, el corazón se desconecta del espíritu y nuestra vida carece de pasión y sentido.

La alegría es un estado energético, la reacción alquímica de gratitud y autenticidad que experimentamos cuando estamos alineados con nosotros mismos. La turmalina sandía actúa como catalizador para redescubrir la alegría. Y lo hace incorporando la dulce resonancia centrada en el corazón que estimula nuestra vibración para que esté en armonía con todas las facetas del cuerpo, la mente y el alma. Su presencia es un impulso efervescente para nuestra energía.

Observa qué cosas te inspiran alegría. ¿Hay personas, lugares o experiencias concretas que aumentan esta sensación? Conecta con la turmalina sandía para que te ayude a hacer cosquillas a tus sentidos y te recuerde dónde y cómo puedes experimentar alegría. Cuando identifiques las circunstancias que te levantan el ánimo, recuerda expresar tu aprecio.

Usa la turmalina sandía para cultivar la efervescencia energética durante:

• Risas
• Trabajo de respiración (p. 156)

Lleva la alegría al siguiente nivel con el rubí, p. 50
Localiza el centro de tu corazón con la halita rosa, p. 185

Amazonita

Abierta, compasiva, inagotable	**CUALIDAD**
Corazón, garganta, tercer ojo	**CHAKRA**
Sanación a través del amor incondicional, apoyo comunitario, reconocer la interconexión	**FOCO**

Todos tenemos un denominador común: el deseo de ser vistos, amados y apoyados, y de que nuestras experiencias sean reconocidas. A menudo lo deseamos solo para nosotros, olvidando que se trata de derechos energéticos básicos que todos merecemos y a los que todos aspiramos.

La amazonita expande nuestra visión de modo que podemos ver la vida a través de lo colectivo, y no solo a través de nuestros ojos. Somos capaces de percibir los sesgos internos que nos han cegado y causado daños a terceros. Encontramos la confianza y la fuerza para ponernos en pie y compartir nuestras experiencias vividas. La energía compasiva que emite la amazonita nos devuelve a un lugar de humanidad en el que recordamos nuestro denominador común y confluimos con el amor. Si amamos primero y compartimos de corazón, aumentamos la posibilidad de que los paradigmas obsoletos cambien. La amazonita nos ayuda a abrir el corazón y la mente para que podamos recibir la paz universal.

Úsala para facilitar la serena abertura de tu corazón en:
• Meditación para conectar con la luz divina (p. 157)
• Reiki (p. 182)

Profundiza tu amor con la rodocrosita, p. 133
Cambia el paradigma con el ágata uva, p. 227

Jade azul

Rítmica, poderosa, expresiva	**CUALIDAD**
Garganta, corazón, plexo solar	**CHAKRA**
Reafirmarte a ti mismo, cultivar la aceptación, encontrar tu ritmo	**FOCO**

Nuestra expresión es una fuerza muy poderosa. Si no hemos abrazado su poder, cabe la posibilidad de que nos sintamos abrumados por su impacto. Puede que empecemos a reprimirnos, pensando que es mejor para todos que guardemos esa energía en nuestro interior. Pero al hacerlo solo logramos sentir la presión de contenernos.

Al reprimirnos, provocamos un desequilibrio en el flujo natural de la vida. La energía rítmica del jade azul nos enseña a honrar nuestra expresión, permitiendo que sea bien recibida, independientemente de su intensidad. Llegamos a respetar la forma en que el intercambio colectivo de la verdad moldea el mundo y vemos la importancia de la vulnerabilidad expresiva.

Sigue las fluctuaciones de tu expresión. ¿Cuándo te reprimes por miedo a sobrecargar el mundo que te rodea? El jade azul nos ayuda a aceptar que nuestra verdad es importante y que está ahí para impactar al mundo. Nuestra verdad es nuestra sabiduría y nuestra sabiduría es un regalo para ser compartido.

Abraza la energía del jade azul en:
• Meditación acuática (p. 182)
• Baño ritual (p. 182)
• Cánticos

Encuentra tu verdad con la cianita azul, p. 185
Abraza tu poder con la fluorita amarilla, p. 119

Imágenes en pp. 76-77

Lepidolita

«Mi corazón se abre,
el universo me guía y
recuerdo mi divinidad.»

Jade azul

«El ritmo de mi
alma guía mi
expresión.»

Lepidolita

Tranquilizadora, esclarecedora, sintonizada | CUALIDAD
Corazón, corona | CHAKRA
Educación energética, conectar con el universo, recordar nuestra divinidad | FOCO

Turmalina sandía

«La alegría rezuma desde cada célula de mi ser.»

Amazonita

«Ofrezco al mundo mi amor incondicional.»

Al nacer lo sabemos todo acerca del universo; hablamos el lenguaje de las estrellas, nuestro propósito y nuestro camino están claros. Pero poco a poco nos integramos en la realidad del mundo: olvidamos nuestra inocencia y nuestra expresión se distorsiona para poder encajar en la sociedad. Podemos olvidar nuestro propósito, despertarnos pensando: «Sé que estoy aquí por alguna razón, pero no consigo recordar cuál es».

El corazón sufre al perder la conexión con su divinidad. La lepidolita nos asiste en nuestro viaje de vuelta a casa, aliviando el dolor de nuestro corazón y ofreciéndonos serenidad. Nos cuenta los secretos que nos guían hasta la biblioteca energética en la que reconectamos con la sabiduría ancestral del tiempo y el espacio.

¿En qué punto del proceso de recordar te encuentras? Cuando despiertas del sueño intentando comprender los trazos, las formas y los colores del más allá, las enseñanzas de la lepidolita acerca de la sabiduría centrada en el corazón te mantienen en sintonía con los susurros intuitivos de lo divino. Es posible que nunca recordemos del todo el lenguaje del cosmos, pero sabemos lo suficiente como para arreglárnoslas, sabemos lo suficiente como para encontrar el camino de vuelta a casa.

Usa la lepidolita para conectar con lo divino en:
- Siesta mineral (p. 182)
- Baño de bosque (p. 52)
- Contemplación de las estrellas (p. 52)

AIRE

Descubre tu propósito con la calcita óptica, p. 219
Conecta con el cosmos con el cuarzo rojo, p. 216

Corazón trascendental

El amor, la gratitud y la esperanza expanden nuestra capacidad para conectar con compasión, pero normalmente nos resulta más fácil expresarlos a los demás que a nosotros mismos, lo que interrumpe el flujo de amor dentro del corazón. Cada una de las prácticas que encontrarás en las páginas siguientes es una oportunidad para explorar dónde nos atascamos y para salir del atasco con elegancia.

Práctica de gratitud

Fomentar los gestos de gratitud nos proporciona una perspectiva clara que nos mantiene optimistas en los momentos difíciles. Realizar una práctica de gratitud a diario puede transformar nuestra vida, revelando aspectos positivos, inspiraciones y oportunidades que de otro modo no habríamos visto.

- Escoge una piedra que para ti represente el optimismo o la gratitud.
- Túmbate con los ojos cerrados, coloca la piedra sobre tu tercer ojo, es decir, sobre el punto de tu frente que queda justo entre ambas cejas.
- Respira con naturalidad y de forma relajada, y empieza a pensar en todas las cosas por las que te sientes agradecido.
- Intenta seguir reflexionando durante cinco minutos.
- Observa qué pasa cuando permites que tu gratitud se expanda. Expresa gratitud a la piedra antes de retirarla de tu cuerpo.

Notas de amor

Esta práctica nos ayuda a llenar nuestro pozo de amor a nosotros mismos. Escríbete notas de amor siempre que necesites sentirte apreciado o recordarte por qué eres maravilloso.

- Escoge una piedra y dedica unos instantes a centrar tu espíritu con la meditación.
- Cuando te sientas tranquilo y centrado, toma un trozo de papel y escríbete una carta repleta de palabras tiernas. Deja que tus expresiones de amor sean expansivas, divertidas e imaginativas. Puedes empezar reflexionando sobre las cualidades que más aprecias en ti.
- Cuando termines de escribirla, fírmala con un «te quiero, yo» y léela en voz alta.
- ¿Cómo te hace sentir lo que has escrito? ¿En qué parte de tu cuerpo lo sientes? Deja que te anime a alimentarte a ti mismo con amor.

Contemplación en el espejo

El objetivo de esta práctica es dejar que nuestro reflejo nos muestre cómo tratarnos con más amor. Al principio es posible que te resulte un poco incómodo, pero insiste y siente sus efectos transformadores.

- Busca un espejo en el que puedas verte estando sentado.
- Siéntate en una silla cómoda, cierra los ojos y, con la piedra elegida en la mano, respira profundamente varias veces. Luego abre los ojos y observa tu reflejo.
- Mírate con amor, con todo el amor que seas capaz. Haz todo lo posible por no criticar tu imagen. Empieza aumentando poco a poco el tiempo que te miras. Observa los pequeños cambios que se producen con respecto a lo cómodo que te sientes o a tu habilidad para mantener a raya los juicios.

Ritual del deseo

Formular un deseo consiste en sacar algo oculto en el corazón y entregarlo al universo para materializarlo. Esta práctica ilumina tus deseos más profundos y les proporciona espacio para convertirse en parte de tu realidad.

- Busca un lugar cómodo y túmbate con la piedra elegida sobre el cuerpo o en las manos.
- Respira profundamente y concédete permiso para desear y soñar. Acepta cualquier cosa que salga a la superficie y sigue respirándola desde tu interior hacia tu piedra.
- Cuando hayas identificado tu deseo y lo hayas conectado con la piedra, abraza la piedra con amor y gratitud.
- Encuentra un rato cada día para abrazar la piedra escogida y reflexionar sobre tu deseo. Escucha las palabras sabias que te susurra el cristal.

Cuarzo yacaré

CUALIDAD	Multidimensional, reveladora, vulnerable
CHAKRA	Corona, raíz, corazón
FOCO	Revelar lo que está oculto, apreciar la complejidad, dejar que brille el alma

Nuestra alma quiere ser vista y compartir su belleza única. Pero la sociedad prefiere que nuestra expresión sea fácil de percibir de un vistazo. Ocultamos la multidimensionalidad de nuestra alma para ser ampliamente aceptados.

Cada vez que reprimimos nuestra vibración, perdemos el contacto con nuestra complejidad mágica, con la esencia que nos hace brillar. La energía empoderadora del cuarzo yacaré nos recuerda nuestra belleza y valía. Nos ayuda a encontrar el camino en el laberinto interior que hemos creado para mantenernos confinados y seguros frente a la mirada crítica del mundo.

¿Qué se oculta en tu interior? ¿Hay partes de ti esperando a ser compartidas? Ocultar cualquier aspecto de nosotros mismos impide que nos conozcan, lo que dificulta una conexión significativa. El cuarzo yacaré nos levanta el ánimo, haciendo que lo que ha sido reprimido salga a la superficie. Cuando la historia de nuestra alma es contada, redescubrimos nuestra esencia mágica.

Saca a la superficie lo oculto con el cuarzo yacaré en:
- Contemplación en el espejo (p. 79)
- Práctica de gratitud (p. 78)

Encuentra tu magia con la flor de amatista, p. 215
Haz que brille tu alma con la fluorita arcoíris, p. 231

Cianita verde

CUALIDAD	Abierta, purificadora, calmante
CHAKRA	Corazón, garganta
FOCO	Encontrar la verdad, calmar la ansiedad, conectar con la naturaleza

Escuchar desde el corazón es todo un arte. Es lo que nos permite captar y apreciar cada sonido único. La receptividad que practicamos mientras escuchamos nos enseña a estar en sintonía con las necesidades de nuestra comunidad.

La naturaleza es el campo de adiestramiento sinfónico supremo. Incluso en el silencio hay una vibración sónica. Si abrimos nuestro corazón, podremos oír incluso el susurro energético más débil. La cianita verde nos ayuda a perfeccionar la capacidad que nos permite escuchar de verdad, captar la verdad que lucha por ser oída en medio del ruido.

Escucha los sonidos de tu propio corazón. ¿Puedes oír su suave latido? ¿Eres consciente de lo que cuenta? Sintoniza con la naturaleza y practica el arte de escuchar. Profundiza con la cianita verde para poder oír los sonidos que se esconden bajo los sonidos, para dar fe del murmullo de la energía. Cuando estamos abiertos y receptivos a lo sutil, redescubrimos la belleza oculta.

Usa la cianita verde para abrazar la energía serena de la naturaleza en:
- Baño de bosque (p. 52)
- Jardín con piedras (p. 52)
- Masaje y minerales (p. 134)

Escucha la sabiduría de la naturaleza con la apofilita verde, p. 22
Mueve la energía estancada con la turmalina azul, p. 184

Cuarzo yacaré

«Dejo que se manifieste toda la magia oculta en mi interior y que mi alma brille.»

Cianita verde

«En la naturaleza se encuentra mi verdad.»

Ajoíta

«Cultivo la quietud
interna para poder
oír lo que me
susurra el alma.»

Cuarzo fresa

«Mi agradecimiento
ilumina los milagros
de la vida.»

Ajoíta

Revigorizante, intuitiva, sosegada	CUALIDAD
Corona, tercer ojo, corazón	CHAKRA
Autodescubrimiento, evolución espiritual, apreciar los momentos de quietud	FOCO

No apreciamos lo bastante la quietud de los momentos que estamos a solas, en los que podemos cultivar la respiración sosegada y elevar nuestra vibración espiritual. Logramos una sintonización espiritual, que solo llega cuando cultivamos una relación sincera con nuestro espíritu.

El mundo cada vez es más ruidoso y las distracciones más numerosas; cuesta tener un espacio para estar a solas con nuestra energía. La ajoíta crea un orbe protector que ahoga la cháchara externa para conectarnos con nuestro yo superior. Cultiva la quietud para que podamos oír lo que nos susurra nuestra intuición.

Trasciende las interferencias de tu vida abrazando los momentos de quietud cuando surjan. ¿Qué mensajes secretos escuchas cuando dejas que el ruido exterior se desvanezca?

La quietud que encontramos con la ajoíta fomenta el autodescubrimiento radical. Al conocernos de forma más íntima, estamos listos para evolucionar espiritualmente.

Cultiva el autodescubrimiento con la ajoíta en:
• Silencio sereno (p. 238)
• Siesta mineral (p. 182)

¿Mente agitada? Deambula por la howlita, p. 220
¿Intuición imprecisa? Cámbiate a la calcedonia azul, p. 163

Cuarzo fresa

Considerada, simple, significativa	CUALIDAD
Tercer ojo, corazón	CHAKRA
Crear rituales a partir de lo cotidiano, apreciar la magia de la vida	FOCO

Pensamos que, para que tenga sentido, la vida tiene que ser inmensa y magnífica. Sin épica no hay transformación. Esperamos la pompa y, si no llega, la decepción hace que nuestro espíritu se debilite.

Siempre que nos olvidamos de apreciar las pequeñas cosas y de ver su relación con un todo más amplio, el cuarzo fresa se encarga de devolverle el foco a todo de nuevo. Vemos la forma en que los pequeños detalles se conectan para crear la narración general de la vida. De repente lo corriente pasa a ser extraordinario.

Abre los ojos a los milagros cotidianos que hacen que la vida sea la experiencia épica que es. ¿Te ayuda eso a disfrutar más de lo que haces? El cuarzo fresa nos enseña a encontrar placer en las cosas más sencillas mostrándonos el arte de la gratitud. El agradecimiento transforma la mente,

porque se centra en la vida y nos hace ver la magia que nos rodea.

Abre bien los ojos siempre que puedas con el cuarzo fresa durante:
• Práctica de gratitud (p. 78)
• Meditación caminando (p. 30)

¿Apreciativo? Prueba la fluorapofilita, p. 153
¿Te sientes hastiado? Recurre a la jadeíta, p. 61

«Dejo que el amor fluya espontáneamente desde el pozo profundo de mi generoso y compasivo corazón.»

Escolecita

CUALIDAD	Generosa, espontánea, conectora
CHAKRA	Sacro, corazón, garganta
FOCO	Fomentar la conexión, expresar aprecio, cultivar el flujo libre del amor

Hay veces en las que la punzada del rechazo o el sufrimiento nos lleva a cerrar el corazón. El miedo se apropia de nuestro cuerpo, dificultando la respiración y alimentando la sensación de desconexión. Pero ¿cómo se siente tu cuerpo cuando la compasión fluye libremente por tu aura?

La escolecita, como los suaves rayos de sol que se filtran a través de las nubes, inspira estallidos de amor espontáneos que emanan desde el centro de nuestro ser hacia el mundo que nos rodea. Nos enseña a ofrecer lo que buscamos, a lograr aquello que parece que nos falta. Al hacerlo, nos convertimos en una fuerza cocreativa, aportando conexión y belleza infinitas al mundo. Si la escolecita adoptara una figura física, sería el símbolo del infinito. Siempre que sientas miedo y tu energía se bloquee, recibe la experiencia como una invitación a darte una ducha espontánea de amor. Haz lo mismo por los demás y observa cómo el efecto contagioso de la amabilidad crea ondas armoniosas.

Incorpora la escolecita a tu vida practicando con regularidad, esos días en que el sol se filtra a través de las nubes, con:

- Notas de amor (p. 78)
- Actos aleatorios de amabilidad
- Meditación tomados de la mano (p. 157)

¿Abierto? Expándete con el ágata piel de serpiente, p. 122

¿Asustado? Saca partido a la cornalina, p. 116

Calcita rosa mangano

Mitigadora, integradora, empática	**CUALIDAD**
Plexo solar, corazón, corona	**CHAKRA**
Mitigar la autocrítica, verte como parte integral de un todo más amplio	**FOCO**

Como seres energéticos que existen en la realidad física del tiempo y el espacio, es inevitable que experimentemos momentos de culpa, vergüenza y falta de autoestima.

Cuando nos sentimos perdidos en un mar tempestuoso, la calcita rosa mangano nos envuelve con las suaves olas rosas de su energía, aliviando nuestra alma. La tensión disminuye y nos envalentonamos lo suficiente para librarnos de las distintas creencias limitadoras. Empezamos a comprender que las facetas de nuestro ser nos convierten en la persona que somos. Esta piedra nos indica en qué dirección debemos crecer.

Piensa cómo puedes atraer más dulzura o aceptación a tu vida. ¿Puedes dirigirla por igual hacia ti y hacia aquellos que te rodean? La calcita rosa mangano nos invita a ver que aquello que más nos avergüenza es también nuestra principal fuente de empatía. Permite que la energía de esta piedra te ayude a integrar todas las partes de tu ser, sin juzgar, y a cultivar una empatía profunda en todas tus relaciones.

Usa la calcita rosa mangano para mitigar en:
• Baño ritual (p. 182)
• Trabajo de respiración (p. 156)

AIRE

Calcita rosa mangano

«Considero que todas las partes de mi ser son importantes y merecen ser amadas.»

¿Necesitas más paz? Fluye hacia la selenita, p. 223
¿No puedes librarte del dolor? Recurre a la crisoprasa, p. 70

Petalita

«Los capullos de las
flores se abren a su
tiempo y lo mismo
hago yo.»

Turmalina roja

«A medida que me
desprendo de las capas
de mi trauma, va
llegando la paz.»

Petalita

Moderadora, tolerante, madura	CUALIDAD
Corazón, plexo solar	CHAKRA
Bajar el ritmo, cultivar la paciencia, disfrutar del proceso	FOCO

Al aparecer, los capullos de las flores no están en su apogeo y nosotros tampoco. Cada experiencia es un pétalo que se abre. Una respuesta ante las condiciones del entorno y nuestra disposición a abrirnos. Transformarse requiere energía, tiempo y oportunidad. Si aceleramos el proceso y nos movemos más rápido de lo que podemos o permite el entorno, agotamos la energía.

A veces cuesta ser paciente, sobre todo si sentimos que el resto del mundo se mueve más rápido y llega más lejos que nosotros. La petalita nos ayuda a adherirnos a la sincronización divina, guiándonos para que lleguemos en el momento preciso en que todo se alinea. Fomenta la paciencia y ayuda a transformar la naturaleza de nuestros hábitos diarios, haciendo que pasen de la rutina al ritual. Aprendemos a apreciar las experiencias y lo que estas nos revelan tanto como la meta.

La petalita expande nuestra conciencia y nos predispone a aceptar la situación en la que nos encontramos sin frustración.

Deja que lo divino guíe tu florecimiento en:
• Notas de amor (p. 78)
• Yin yoga con cristales (p. 134)

¿Listo para florecer? Ábrete a la espesartina granate, p. 141
Transforma tus rutinas con el cuarzo rutilado, p. 126

Turmalina roja

Somática, sensorial, persistente	CUALIDAD
Raíz, sacro, corazón	CHAKRA
Recuperarse de los traumas, restaurar las sensaciones, sanación intergeneracional	FOCO

Nuestro cuerpo físico retiene todos los recuerdos, desde los transmitidos por nuestros antepasados hasta los relacionados con las experiencias vividas. Al llevar tanto tiempo reteniendo esos recuerdos distorsionados, llegamos a pensar que así es como debe de ser la vida, agrandando la tergiversación que limita nuestra libertad.

La turmalina roja nos relaja a todos los niveles, presionando nuestros puntos de tensión y despertándonos a una forma de vida que nos hace sentir mejor. Devuelve las sensaciones a nuestro cuerpo y nos hace conscientes de cómo intentamos protegernos ante posibles daños.

Reflexiona sobre cómo has forzado tu cuerpo para que supere las situaciones difíciles. ¿Dónde hace falta más sanación para transformar los traumas que te provoca ese peso en el corazón? La vibración de la turmalina roja nos ayuda a seguir adelante, incluso si no vemos resultados inmediatos. Nos recuerda que hemos pasado mucho tiempo esforzándonos y que, por tanto, ahora debemos aprender a relajarnos.

Resuelve los traumas profundos con la turmalina roja en:
• Masaje y minerales (p. 134)
• Yin yoga con cristales (p. 134)

Despeja tu perspectiva con el cuarzo gwindel, p. 220
Regresa a tu cuerpo con la estaurolita, p. 66

87

Malaquita

CUALIDAD	Inspiradora, fortuita, crédula
CHAKRA	Corazón, plexo solar, garganta
FOCO	Cocrear con el universo, prestar atención a lo divino, fluir con la vida

Creemos que A debe llevar a B y nos preparamos para lo que hay en medio. Moldeamos nuestra visión según la realidad que vemos, en torno al modo en que la vida ha fluido ya. Todo esa atención no es más que un intento de anular la majestuosidad y la magia del universo.

Olvidamos que la vida funciona bajo otras reglas, con infinitas posibilidades y combinaciones. Nuestra imaginación suele estar limitada por lo que creemos que es cierto, así que nos perdemos la oportunidad de expansión que nos ofrece todo aquello que queda fuera de la vista. La malaquita sabe cómo desviarnos del camino estándar. Su energía es una invitación susurrada a la curiosidad, a seguir el camino menos transitado.

Escucha las indicaciones divinas. ¿Eres capaz de confiar en el universo aunque no puedas ver qué hay más allá del recodo? Cada voluta verde de esta piedra es un recordatorio del flujo orgánico de la vida. Y cuando estemos listos, nos llevará a vivir una aventura espiritual. La malaquita nos anima a comunicar los deseos que guardamos en el corazón, aunque parezcan imposibles, porque el universo siempre está escuchando.

Cambia la energía con la malaquita en:
- Ritual del deseo (p. 79)
- Meditación caminando (p. 30)
- Meditación para conectar con la luz divina (p. 157)

Presta atención a lo divino. Elige una página al azar
¿Problemas de confianza? Prueba a la danburita, p. 205

Peridoto

CUALIDAD	Alentadora, creciente, discente
CHAKRA	Corazón, plexo solar
FOCO	Reformular experiencias y pensamientos, abrazar la fluidez, conocimiento compasivo

Nos exigen que demos lo mejor todo el tiempo. Pero no es fácil saber qué significa exactamente si no hay un punto de referencia para poderlo evaluar. Los círculos que describimos valorando nuestras acciones pueden resultar agotadores, una maraña que nos atrapa en la mente.

¿Cómo podemos saber si lo hemos dado todo o no? ¿Deberíamos hacerlo mejor, podemos hacerlo mejor? El peridoto eleva nuestra conciencia para que entendamos que darlo todo es hacer lo que hacemos en el momento con las herramientas de que disponemos. Va cambiando, igual que cambiamos nosotros o nuestras herramientas.

Aprecia que cada momento es único. ¿Sigues esperando más de una situación del pasado? El peridoto nos ayuda a aceptar la situación y nuestras acciones tal como se presentan, a seguir adelante con una nueva conciencia. Podemos dedicar un momento a reflexionar, pero luego debemos estar listos para vivir el presente.

Reformula los pensamientos y las experiencias con el peridoto en:
- Red de compasión (p. 106)
- Notas de amor (p. 78)

¿Necesitas una nueva perspectiva? Recurre al ópalo verde, p. 55
Abraza el presente con la sodalita, p. 45

Malaquita

«Confío en que
el universo
me guía.»

Peridoto

«Cada momento es
único, igual que yo.»

Rutilo

«Me muevo entre
el tiempo y el
espacio abierto a
la guía divina.»

Jaspe dálmata

«Veo el lugar donde
estoy como el lugar
perfecto para mí.»

CRISTALES

Rutilo

Los hilos del tiempo –pasado, presente, futuro– nos enseñan mucho sobre los misterios de la vida. Nos retan a ir más allá y a pensar de forma más crítica, ampliando nuestra percepción para ver las conexiones entre todas las cosas a través del tiempo y el espacio. Si nos apegamos al recuerdo, provocamos un desequilibrio del flujo energético.

Siempre que perdemos el contacto con los tiempos de la vida, el rutilo contrarresta nuestra vibración para que podamos apreciar la transición del tiempo. Aprendemos a honrar el misterio del momento y a crear espacio para que el tiempo pueda respirar.

Explora tu relación con el tiempo. ¿Estás atrapado en un tiempo o has perdido el contacto con otro? Deja que tu conciencia sea fluida, para que pueda fluir sin esfuerzo entre el pasado, el presente y el futuro. Canaliza la energía del rutilo

Presente, misteriosa, perceptiva	**CUALIDAD**
Corona, tercer ojo	**CHAKRA**
Vivir el momento, alejarse de las experiencias pasadas, recibir descargas divinas	**FOCO**

para poder vislumbrar dónde te cierras a las posibilidades. Deja que te transmita los mensajes divinos sobre cómo vivir en el ahora y conseguir que tus deseos se hagan realidad.

Aumenta las posibilidades con el rutilo en:
• Meditación al amanecer o al atardecer (p. 31)
• Baño ritual (p. 182)

Aumenta tu energía con la semilla lemuriana, p. 227
Profundiza en el misterio con la estilbita, p. 223

Jaspe dálmata

La vida transcurre momento a momento, en un constante movimiento de energía que nos lleva de una experiencia a otra. El miedo y la angustia nos hacen creer que las cosas no avanzan. El paso y el ritmo, no obstante, están divinamente alineados dondequiera que estemos.

Puede ser frustrante sentirse atrapado y lento o moverse demasiado rápido y acabar fuera de nuestra zona de confort. Pero es allí donde el corazón se libera y encuentra la claridad. El jaspe dálmata nos muestra que cada momento nos prepara para lo que está por venir. Y nos proporciona espacio para que podamos ver que todo encaja perfectamente.

Empieza a jugar con la vida, abrazando los momentos como si fueran viejos amigos que sacan lo mejor de ti. ¿Cómo influye eso en tu frustración y tu miedo? El jaspe dálmata impide que vayas

Juguetona, curiosa, sustentadora	**CUALIDAD**
Raíz, corona	**CHAKRA**
Crecer desde la curiosidad, librarse del miedo, aumentar la confianza	**FOCO**

demasiado lejos y acabes atrapado en tu mente. Aprende a crecer a partir de la curiosidad, déjate llevar por la corriente de la vida, disfruta de la vista sin necesidad de saber a dónde te diriges.

Recupera el alineamiento con la ayuda del jaspe dálmata en:
• Contemplación de las nubes (p. 52)
• Jardín de piedras (p. 52)

¿Te sientes curioso? Recurre a la piedra de crisantemo, p. 140
¿Has perdido el contacto? Prueba a la calcita roja, p. 35

Epidota

«El universo me respalda,
nada me detiene.»

Rodonita

«Me acepto por
todo lo que soy.»

Epidota

Solidaria, resonante, actualizante	CUALIDAD
Raíz, plexo solar, corazón	CHAKRA
Hacer realidad los sueños, encontrar nuestros cimientos, seguir adelante tras los reveses	FOCO

La sensación de seguridad nos hace correr riesgos y perseguir sueños. Nos sentimos capaces de enfrentar los desafíos que forman parte de nuestro proceso de desarrollo. Sin embargo, una leve sacudida en nuestros cimientos puede alterar nuestra confianza y paralizar nuestras acciones.

Estar desconectado de aquello que nos permite sentirnos respaldados y seguros disminuye nuestra energía creativa. Nos alejamos de nuestros deseos y nos cuesta hacerlos realidad. Con la ayuda de la epidota, nuestra vibración reverbera en la misma longitud de onda que nuestros deseos. Gracias a su apoyo, nuestros miedos desaparecen y nuestros sueños reviven.

Imagínate al universo protegiéndote, asegurándose de que, pase lo que pase, no corres peligro. ¿Qué sueño te gustaría hacer realidad? Si no estás ya viviendo ese sueño, encuentra inspiración alentadora en la epidota. Siente cómo aumentan tu coraje y tu confianza cuando empiezas a manifestar tu deseo.

Usa la epidota siempre que tus cimientos te parezcan inestables en:
• Ritual del deseo (p. 79)
• Práctica de gratitud (p. 78)

———————

¿Te sientes armonioso? Acude a la celestita, p. 209
Descubre tus deseos con la magnetita, p. 55

Rodonita

Revolucionaria, radical, auténtica	CUALIDAD
Corazón, plexo solar, garganta	CHAKRA
Cambiar viejos paradigmas, autoaceptación radical, acoger distintas perspectivas	FOCO

Nos incitan a valorar solo a aquellos que piensan y ven la vida del mismo modo que nosotros. Si apartamos cualquier pensamiento que desafíe nuestras creencias, nos concentramos en las similitudes y rechazamos a quienes tienen una opinión distinta a la nuestra.

Es fácil olvidar que las ideas radicales que pueden modificar la vida van a contracorriente. La innovación se produce cuando nos abrimos a ideas que van más allá de lo aceptado. La rodonita nos anima a abrirnos a las expresiones del yo que se salen de la norma. Nos ayuda a compartir las ideas locas, a hacernos las preguntas incómodas y a ir más allá de lo socialmente aceptado para que pueda producirse el cambio.

Arriésgate con alguien que tenga otra opinión y reconoce que la brillantez nace de la colaboración de nuestras individualidades. La rodonita demuestra que podemos confluir de otra forma, ayudándonos a abrir el corazón y la mente para ver puntos de vista distintos a los nuestros, haciendo posible que la vida cambie.

Descubre la aceptación con la rodonita en:
• Trabajo de respiración (p. 156)
• Circulación del corazón (p. 31)

———————

¿Abierto a nuevas ideas? Recurre al oro, p. 119
¿Estrechez de miras? Expándete con el ágata dendrítica, p. 22

Eudialita

CUALIDAD	Mágica, revitalizadora, vibrante
CHAKRA	Raíz, plexo solar, corazón
FOCO	Conectar con nuestra divinidad, equilibrar la energía, aumentar la autocompasión

Cuando nos autoanalizamos, solemos agrandar e intensificar cada fallo y cada defecto, lo que alimenta las narrativas emocionales que distorsionan la opinión que tenemos de nosotros mismos y de la vida. Bajo ese examen crítico el brillo de nuestro espíritu se apaga y perdemos nuestra vitalidad.

Para recuperar la perspectiva cuando solo somos capaces de ver las imperfecciones, hace falta mucha ternura. La eudialita repara el cuerpo emocional para unificar y revitalizar nuestra fuerza vital con amor. Encontramos nuestro centro de nuevo y nos recalibramos a nivel del alma, lo que nos permite vernos de un modo más compasivo. Aporta equilibrio a tu experiencia externa e interna apreciando tu esencia divina. ¿Cómo te sientes al recordar tu propia magnificencia? La eudialita nos ayuda a tener presente que somos una expresión única de lo divino. Todo en nosotros es mágico.

Suaviza la tensión con la eudialita en:
- Creación de un ritual
- Notas de amor (p. 78)

¿Te sientes mágico? Recurre al añil gabbro, p. 241
Encuentra tu brillo con la labradorita, p. 219

Turmalina rosa

CUALIDAD	Compasiva, afectuosa, amable
CHAKRA	Corazón
FOCO	Desarrollar el amor por uno mismo, calmar la ansiedad, curar las heridas del corazón

Nuestro corazón ansía la conexión afectuosa, una experiencia que disminuya el estrés y sosiegue el alma. El deseo de amor puede provocar un desequilibrio si nos centramos solo en el amor hacia otras personas de nuestra vida y olvidamos que también debemos expresar amor hacia dentro, hacia nosotros.

Cuando vemos a los demás como personas perfectas sin ningún defecto, pero pensamos que nosotros somos imperfectos distorsionamos la energía del amor. La energía de la turmalina rosa es un espejo mágico que nos permite vernos tal como somos en realidad: personas que merecen ser amadas. Cura las heridas que hacen que nos sintamos de otro modo.

Mírate en el espejo. ¿Te miras con amor o con compasión? Deja que la vibración calmante de la turmalina rosa suavice tu mirada crítica y te ayude a centrarte en las capas más profundas de tu alma, en lugar de en las imperfecciones superficiales. Por fin te fijas en la belleza que hay en ti y que ha estado allí todo el tiempo.

Cultiva una mirada afectuosa de autocompasión con la turmalina rosa en:
- Notas de amor (p. 78)
- Contemplación en el espejo (p. 79)

¿Sientes el amor? Dirígete a la calcita azul, p. 192
¿Corazón desequilibrado? Consigue ayuda con la smithsonita, p. 195

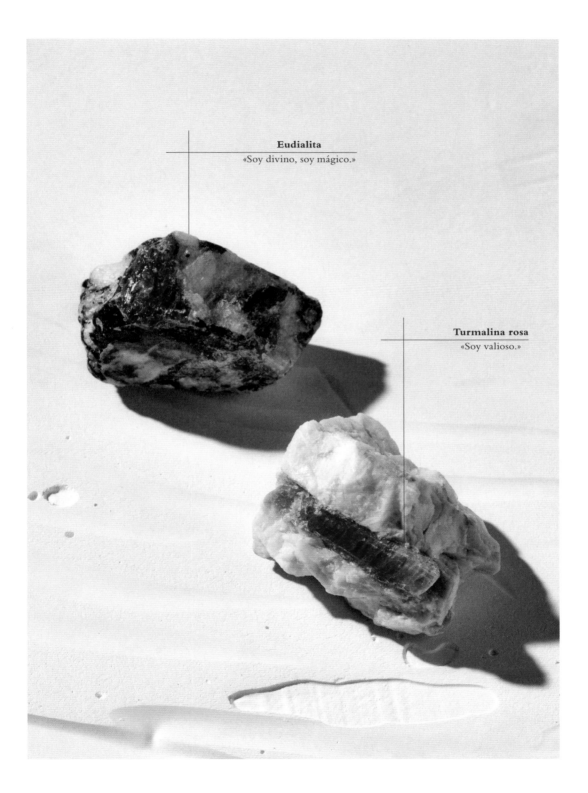

Eudialita
«Soy divino, soy mágico.»

Turmalina rosa
«Soy valioso.»

Pegmatita

CUALIDAD	Empoderadora, mística, dinámica
CHAKRA	Corazón, corona
FOCO	Abrazar la divinidad, elevar el espíritu, conseguir un equilibrio energético

Somos seres míticos que estamos siempre conectados al espíritu, pero las responsabilidades del día a día tienden a apartarnos de nuestra divinidad. Nos mantienen centrados en el ámbito físico. ¿Cómo podemos recuperar esa conexión con lo espiritual mientras vivimos en el mundo material?

Podemos buscar una respuesta rápida fuera de nosotros, desperdiciando la oportunidad de reflexionar sobre lo que hacemos y por qué. La pegmatita eleva nuestro espíritu más allá de lo mundano, lo que nos permite ver el potencial que tenemos para hacer que el mundo sea un lugar más mágico y afectuoso. Nos anima a pensar de forma más reflexiva sobre nuestras intenciones y a reconocer que nuestra relación con lo mundano sirve como metáfora de nuestra relación con lo divino.

Deja que la energía que se esconde tras tus intenciones aporte significado a todos tus actos, elevándolos de simples obligaciones rutinarias a ofrendas rituales. ¿Puedes ver lo divino más claramente ahora? La energía de la pegmatita nos proporciona la habilidad de movernos entre la experiencia física y la espiritual, modificando nuestra percepción de manera que empezamos a reconocer la divinidad en todas las cosas.

Eleva tu alma con la pegmatita en:
- Contemplación de las estrellas (p. 52)
- Meditación para conectar con la luz divina (p. 157)
- Notas de amor (p. 78)

¿En busca de la divinidad? Ábrete a la morganita, p. 228

Encuentra apoyo ritual con la amonita, p. 21

Austinita

Las creencias estancadas hacen que nuestra percepción del mundo se olvide de los matices que escapan a lo binario. Nos aferramos a ellas porque nos da miedo el cambio que se produce cuando dudamos del orden establecido.

Cuando contradicen nuestras creencias, lo vivimos como un ataque personal. La austinita nos ayuda a aceptar la diversidad de opiniones, lo que nos permite ver que nuestras creencias pueden evolucionar y expandirse. Con el fluir de la vida, nos va llegando más información y vamos tomando conciencia de realidades que desconocíamos.

Cuando ponen en duda tus creencias, ¿te niegas obstinadamente a considerar el nuevo punto de vista? La austinita nos proporciona la valentía y la vulnerabilidad necesarias para reconocer los puntos débiles de nuestras

Expansiva, flexible, valiente	**CUALIDAD**
Corona, tercer ojo	**CHAKRA**
Aceptar ideas nuevas, expandir los sistemas de creencias, suavizar el ego	**FOCO**

creencias. Y al hacerlo, abrimos el corazón a nuevos pensamientos y posibilidades que hacen posible que el mundo siga evolucionando.

Continúa profundizando con la austinita en:
• Escritura sensitiva (p. 212)
• Silencio sereno (p. 238)

Para aumentar tu valentía ábrete a la aventurina verde, p. 28

¿Miedo al cambio? Recurre al cuarzo fantasma, p. 233

Thulita

Nuestras vidas se hallan sometidas a la tiranía del reloj. Su tictac aumenta nuestro estrés y nos recuerda constantemente que, a pesar de todo lo que hemos hecho, aún tenemos muchas tareas pendientes. Y ello hace que asociemos nuestra autoestima a lo que somos capaces de producir en el menor tiempo posible.

Centrarse en el tiempo ocupa el espacio energético en el que sentimos y encontramos nuestro flujo. Nos pasamos la vida corriendo para llegar a algún sitio, para lograr algo, y nos perdemos la vida misma. La energía de la thulita nos ayuda a redefinir nuestra relación con el tiempo y a advertir que es solo un constructo social. Nos enseña que la vida es agradable, y que son el amor y la alegría los que hacen que lo sea, no nuestro máximo rendimiento en cada momento.

Infinita, liberadora, apreciativa	**CUALIDAD**
Corazón, corona	**CHAKRA**
Comprender nuestras prioridades, conectar con la energía infinita del universo	**FOCO**

Reimagina tu vida fuera del tiempo. Imagina que tu espíritu es infinito. Con la energía de la thulita, intenta aprovechar la cualidad infinita del universo, separando tu autoestima del tiempo.

Encuentra un ritmo más lento con la thulita en:
• Yin yoga con cristales (p. 134)
• Práctica de gratitud (p. 78)

Aprovecha la dulzura de la vida con la apatita azul, p. 199

Visualiza una nueva forma de ser con la piedra K2, p. 203

Imágenes en pp. 98-99

Serandita

CRISTALES

Cada voz es única, como si hablara un lenguaje propio solo suyo. Es normal que se produzcan malentendidos, ya que esperamos que todo el mundo se ajuste a nuestra forma de expresarnos. ¿Cómo podemos aclarar la confusión y conectar si cada uno habla su propia lengua?

Puede resultar difícil e incómodo conectar cuando parece que cuesta tanto hacerse entender. La serandita muestra que la comunicación no se limita a las palabras, sino que incluye también acciones e intenciones. La paciencia, la práctica y la vulnerabilidad son las herramientas que debemos usar y la serandita nos enseña cómo.

¿Cómo va tu diálogo energético? Emplea las herramientas de comunicación que la serandita te muestra para aportar más respeto y comprensión a tus conversaciones. La armonía surge cuando somos capaces de escuchar con el cuerpo, la mente y el alma, y de comunicarnos con los demás de corazón a corazón.

Ábrete a una expresión más vulnerable con la serandita en:
- Meditación tomados de la mano (p. 157)
- Reiki (p. 182)

Pegmatita

«Me muevo libremente entre el cielo y la Tierra.»

Serandita

«Me comunico con el cuerpo, la mente y el alma.»

¿Problemas de comunicación? Recurre a la cuprita, p. 65

Abraza tu voz única con la brookita, p. 66

Austinita

«Acepto los
nuevos puntos
de vista.»

Thulita

«Vivo la vida con
plena presencia.»

Rodolita

«Mi corazón me
mantiene centrado
y equilibrado.»

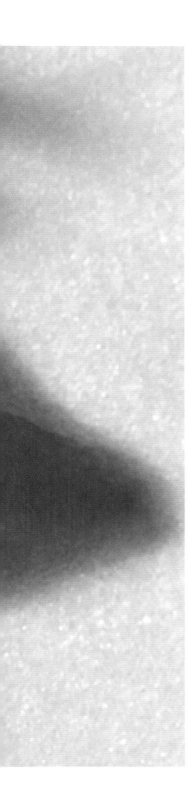

Rodolita

Equilibrante, resiliente, entusiasta	**CUALIDAD**
Raíz, corazón	**CHAKRA**
Encontrar tu centro, aceptar la imperfección perpetua, cultivar la resiliencia	**FOCO**

El equilibrio es un juego de malabarismo constante. Nos pasamos el tiempo cambiando el peso de lado en busca de nuestro centro, en busca de la postura adecuada, alineándonos con nuestro corazón. El resultado vale la pena: la levedad del ser, la elegancia y la habilidad de mantenerse erguido.

Nunca alcanzamos este estado de equilibrio perfecto ni nunca lo haremos. La rodolita gestiona nuestras expectativas mostrándonos que el equilibrio es la habilidad de ser flexible y encontrar estabilidad incluso cuando nuestros cimientos son inestables. Evita que nos desanimemos cuando nos caemos y nos anima a levantarnos enseguida y volverlo a intentar.

Cuando la vida te sorprende con algo inesperado, la rodolita te ayuda a encontrar el equilibrio a través del corazón. Deja que tu práctica, sea cual sea la forma que adopte, mantenga tu energía flexible. La levedad del ser que seguirá es su propia recompensa.

Abraza el proceso con la rodolita en:
• Equilibra los chakras (p. 156)
• Circulación del corazón (p. 31)

AIRE

¿Te falta equilibrio? Encuéntralo con el ojo de tigre, p. 121
¿Te sientes ligero? Pásate a la kunzita, p. 215

Creedita

CUALIDAD	Inclusiva, intencional, comunicativa
CHAKRA	Garganta, corazón, tercer ojo
FOCO	Expresión intencional, escuchar con atención, estar a gusto con el silencio

Nos apresuramos para ser los primeros en hablar, y no dejamos de hablar hasta que hemos dicho la última palabra. Olvidamos honrar el silencio, para que nuestra expresión pueda respirar.

Es en la pausa cuando damos tiempo a que todo lo que tenemos dentro se alinee de modo que las palabras puedan ser oídas plenamente. La pausa crea el espacio para que los demás también puedan ser escuchados. La creedita facilita una expresión más intencional. Nuestro ego se suaviza cuando nos guía y nos sentimos cómodos con el silencio. La sabiduría sale del silencio, no de las palabras.

¿Puedes concederte un momento entre palabra y palabra para que tu expresión tenga espacio para reverberar? ¿Puedes ser consciente de lo que estás diciendo y por qué? La creedita nos ayuda a comunicarnos desde el corazón y nos recuerda que debemos hacer una pausa para que el contenedor generado por nuestra expresión pueda facilitar una reflexión y una conexión más profundas.

Usa la creedita para cultivar el espacio dentro de la comunicación en:
- Silencio sereno (p. 238)
- Reiki (p. 182)

Profundiza la intención con la tanzanita, p. 191
¿Necesitas una respiración purificadora? Recurre a la charoita, p. 200

Ágata de lazo loco

CUALIDAD	Sorprendente, resiliente, placentera
CHAKRA	Todos
FOCO	Abrazar la incertidumbre, explorar lo desconocido, hacer las cosas de un modo distinto

A medida que la vida fluye, la historia se revela. Quizá te parezca caótico... ¡Es lo que hay! Amamos tanto la vida que eso puede hacer que nos sintamos desequilibrados. Nuestra reacción condicionada consiste en aferrarnos con más fuerza, pero cuanto más fuerte nos agarremos, menor sensación de control tenemos.

Es gracias a la sorpresa constante propia de la vida como las oportunidades llegan. El ágata de lazo loco nos abre a esta exploración de la energía, y aprendemos a aceptar lo que venga con los brazos bien abiertos. Nos ayuda a librarnos de los condicionantes, a vivir la vida a nuestra manera. Su forma rebelde nos recuerda que no debemos tomarnos las cosas tan en serio.

Abraza este flujo rebelde que te permite crecer a través del ensayo y error. ¿Puedes dejar que la historia se revele sin organizar cada página? ¿Qué partes de ti se sienten constreñidas por tus condicionantes? El ágata de lazo loco te da permiso para ser tú mismo y hacer las cosas de otro modo. Siente la liberación que se produce cuando respetas la fuerza de la vida. Encuentra la forma de aflojar el control y aprende a reírte del caos. ¡Debemos disfrutar de la vida al máximo!

Acepta el lado rebelde con el ágata de lazo loco en:
- Red de creatividad (p. 106)
- Trabajo de respiración (p. 156)

¿Experimentas placer? Prueba la piedra hada, p. 211
Enfría el caos con la estibina, p. 150

Ágata de lazo loco
«Disfruto del lado
salvaje de la vida.»

Creedita
«Hay espacio para
escuchar todas las
palabras.»

Dioptasa

«Mis emociones me
ayudan a crecer, en ellas
encuentro la paz.»

Zoisita con rubí

«El universo me ayuda
mediante los desafíos
que se interponen en
mi camino.»

Zoisita con rubí

Enraizarnos a través del corazón nos ayuda a regresar a nosotros mismos. Vemos las conexiones profundas que nos unen, el amor profundo que conecta todos los corazones. El amor como vibración confiere fuerzas al cuerpo energético para expresar el dolor, sustentando el desarrollo espiritual desde la autoconciencia.

Cuando nos sentimos apoyados por algo más grande que nosotros mismos, somos capaces de impedir que creencias limitadoras nos marquen la vida. La zoisita con rubí nos anima a sacarlo todo, ya que nos proporciona un espacio seguro en el que nos sentimos a gusto y capaces de dejarnos ir.

Conecta con el suelo que hay bajo tus pies. Apóyate en el amor. ¿Cómo te empodera la conexión entre la Tierra y tu corazón? Con la zoisita con rubí vemos que la única salida es seguir adelante. Nos proporciona el valor para avanzar porque nos recuerda que contamos con el respaldo del universo.

Encuentra tu camino a través de la zoisita con rubí en:
• Piedras en el cuerpo (p. 30)
• Trabajo de respiración (p. 156)

¿Empoderado? Profundiza con el cuarzo ahumado, p. 54
Apóyate en el amor con la aventurina verde, p. 28

Dioptasa

El miedo es una emoción que puede impedirnos vivir de forma plena. Empaña nuestros deseos e impide las posibilidades. Pero respetar la sabiduría que proporciona nos permite transformarlo en valentía.

No podemos evitar el miedo ni el malestar que provoca. La dioptasa nos enseña a usarlo para descubrir nuestros sentimientos más profundos y conectar con una mayor vulnerabilidad. La paz llega cuando estamos abiertos a aprender de nuestro malestar.

Recuerda tu resiliencia e incluye la jocosidad en tu repertorio energético. ¿Puedes reírte de lo que te pesa? ¿Qué ocurre si te enfrentas a tus desafíos con una carcajada?

La energía de la dioptasa te invita a librarte de la presión, e inicia la transformación del miedo siempre que estés dispuesto a explorarlo. Con el apoyo de su audaz vibración, aprendemos a apoyarnos en el momento y a superar las situaciones más convulsas con fortaleza.

Encuentra la fuerza en tu miedo con la dioptasa en:
• Trabajo de respiración (p. 156)
• Escritura sensitiva (p. 212)

¿Listo para jugar? Busca la apofilita verde, p. 22
Encuentra la paz con el apoyo de la piedra de río, p. 41

Orientarse a través de las redes

Las redes de cristales son geniales para canalizar la sabiduría divina y poder recibir la información y la inspiración que puede ayudarnos a descifrar el paso siguiente. Úsalas siempre que busques una respuesta, desees tenerlo más claro o no sepas cómo seguir adelante.

Red de creatividad

El flujo creativo puede interrumpirse por diferentes causas. No importa en qué momento del proceso estés: encuentra tu flujo cerrando los ojos y respirando hondo para canalizar tu energía creativa. Cada respiración profundiza tu conocimiento. Cuando sientas que llega el momento, abre los ojos y pon cinco piedras en círculo y una en el centro. La del centro es tu proyecto o flujo creativo, las dos de la parte inferior son las energías sustentadoras con las que debes trabajar, las de los lados indican cómo controlar las distracciones y la de arriba es la esencia energética que te permitirá saber que vas por el buen camino. Descifra el significado con la información de este libro.

Red de compasión

Hay momentos en que el corazón se muestra duro ante el mundo. Juzgamos rápidamente, somos impacientes con los demás y con nosotros mismos, y nos cuesta estar alegres. Recupera la dulzura inspirando profundamente para centrar tu energía y reflexionando sobre dónde y cómo ha desaparecido la compasión de tu vida. Cuando seas consciente de los ámbitos afectados, coloca una piedra justo delante de ti para representar tu corazón y otras cuatro piedras guardianas creando una caja protectora a su alrededor. Pon una última piedra fuera de la caja; esta piedra te recuerda que lo que deseas puede hacerse realidad. Las piedras guardianas indican cómo y hacia dónde puedes abrirte en la vida para recibir lo que tu corazón desea y sanar su herida.

Red del ciclo lunar

Las fases de la Luna transmiten su propia orientación y sabiduría especial. Canaliza la percepción cristalina fijando una intención y creando un círculo con ocho piedras, una por cada fase lunar. Colócalas en sentido horario: la luna nueva en la parte superior, seguida de la luna creciente, el cuarto creciente, la gibosa creciente, la llena, la gibosa menguante, el cuarto menguante y, finalmente, la luna menguante. Cada cristal representa la energía que debes cultivar o con la que debes trabajar en esa fase lunar para respaldar tu intención. No hace falta esperar a un nuevo ciclo: puedes empezar en cualquier momento

En sentido horario desde arriba: kunzita p. 215, **escolecita** p. 84,
fluorita morada p. 167, **cianita azul** p. 185, **cuarzo lemuriano** p. 227,
fluorita amarilla p. 119, **cuarzo tangerina** p. 129, **apatita dorada** p. 38,
amazonita p. 75, **flor de amatista** (centro) p. 215

Wulfenita
«Me veo con ojos
de enamorado.»

Wulfenita

CUALIDAD	Liberadora, salvaje, resplandeciente
CHAKRA	Plexo solar, corazón
FOCO	Abrazar la individualidad, desarrollar la confianza, encontrar tu voz única

Cuando todos los ojos se posan en nosotros para evaluar nuestra esencia, nos encogemos. Nos da miedo que nos rechacen. Nos resulta más fácil proyectar una versión de nosotros mismos. Pero acabamos sintiéndonos solos, y no le damos a nuestro espíritu la oportunidad de brillar.

Asumimos que lo que importa es agradar, y no nuestra verdad, de modo que nos transformamos para poder encajar en el reducido receptáculo de la aceptación social. Siempre que intentamos domar nuestro espíritu, la wulfenita nos devuelve a nuestro ser y nos ayuda a cultivar la habilidad de permanecer a gusto con quienes somos. Libera nuestro espíritu de la necesidad de ser aprobado por los demás para sobrevivir, guiándonos hasta las personas y los lugares mágicos que nos aprecian por ser quienes somos. ¿Quién eres cuando no hay nadie cerca? ¿Cambias en presencia de los demás? La wulfenita despierta nuestro lado salvaje, animándonos a apreciar todas las cualidades que son la expresión única de nuestro yo. Con su vibración liberadora, sean cuales fueren las circunstancias, te sentirás suficientemente seguro para poder brillar, para mostrar tu hermoso yo salvaje.

Libera tu lado salvaje con la wulfenita en:
• Contemplación en el espejo (p. 79)
• Equilibra los chakras (p. 156)

¿Tratando de agradar a los demás? Prueba el ojo de tigre azul, p. 68
¿Listo para dejarte ver? Ábrete a la amazonita, p. 75

Ópalo rosa

Relajante, liberadora, enriquecedora	**CUALIDAD**
Corazón, corona	**CHAKRA**
Encontrar entornos compasivos para sanar, liberar tensiones internas, escuchar a nuestro corazón	**FOCO**

Hay una razón por la que nos gustan los espacios sosegados. La tranquilidad que encontramos en ellos es curativa. En ellos oímos los impulsos del corazón. Cuando la vida es intensa, la tranquilidad tiene un efecto relajante en el cuerpo emocional, ya que restablece y calma nuestra vibración.

En esos momentos en que la carga del mundo nos resulta demasiado pesada, el ópalo rosa se convierte en nuestro espacio sagrado. Nos incita a identificar cómo y dónde reside la serenidad en nuestro cuerpo. Respaldados por su energía relajante podemos pensar, sentir, calmarnos y sanar. Nos realineamos energéticamente con el centro de nuestro corazón.

Encuentra tu forma más simple, alimentado por la compasión pura del ópalo rosa. ¿Qué mensajes te susurra el corazón? Deja que su sosegada energía sea tu nube, tu suave aterrizaje, el espacio seguro, la aceptación que acoge la quietud y las reflexiones que siguen. Respira hondo mientras calma todas tus preocupaciones internas y libera la tensión tanto tiempo acumulada. Escucha cómo te susurra que eres libre.

El ópalo rosa te ayuda a hallar la tranquilidad en:
- Reiki (p. 182)
- Siesta mineral (p. 182)
- Meditación acuática (p. 182)

AIRE

Ópalo rosa

«Mi mente tranquila
amplifica los mensajes
de mi corazón.»

¿Emocionalmente hermético? Ábrete al aguamarina,
p. 160
Cultiva la autoaceptación con el cuarzo rosa, p. 176

Esteatita

CUALIDAD	Aventurera, innovadora, adaptable
CHAKRA	Sacro, plexo solar, corazón
FOCO	Librarse de planificar, deshacerse de la necesidad de estar preparado, permanecer abierto a la posibilidad

Nos encanta racionalizar, planificar y proyectar. Anticipar lo que podría pasar nos da sensación de control. Hay mil cosas por las que preocuparse, y retrasamos nuestras acciones hasta que tenemos todos los detalles controlados. Eso exige mucha energía y casi nunca nos sentimos preparados para aquello a lo que nos enfrentamos.

Nuestro deseo de que todo sea de determinada manera acaba encerrando la vida en una caja. Necesitamos que las sorpresas nos desafíen: si todo saliera según lo planeado, nunca aprenderíamos ni maduraríamos. La esteatita es la base de apoyo que nos ayuda a aceptar las transiciones inesperadas. Mantiene viva la magia de la posibilidad, recordándonos que suele ser más divertido si dejamos espacio a la espontaneidad.

Considera las posibilidades. Canaliza la energía aventurera de la esteatita para poder incrementar el placer librándote de lo planificado. Recuerda el mensaje más profundo de la esteatita: que siempre estás donde deberías estar y que dejar espacio a lo inesperado hace que ocurra la magia.

Abraza la aventura con la esteatita en:
• Silencio sereno (p. 238)
• Meditación caminando (p. 30)

Esteatita

«Mi energía creativa me guía hacia oportunidades expansivas.»

¿Preparado para empezar? Dirígete a la moldavita, p. 122
¿Preocupado por el futuro? Ábrete a la sodalita, p. 45

110

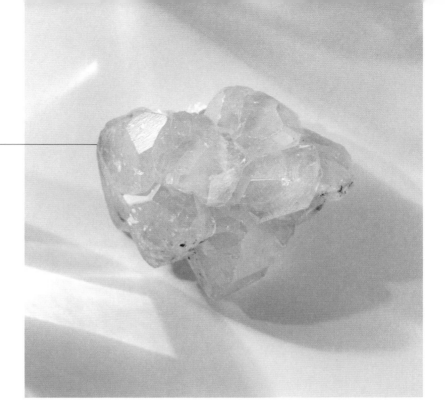

Datolita

«Toda la información
que necesito está
dentro de mí.»

Datolita

Respetuosa, informativa, sabia	CUALIDAD
Tercer ojo, sacro	CHAKRA
Ver las cosas por lo que son, observación reflexiva, honrar la experiencia	FOCO

Las emociones ensombrecidas por el ego acaban distorsionando la mente. Alteran nuestra perspectiva, y vemos las cosas tal como hemos imaginado que ocurrirían o como queremos que sean, y no como son realmente.

Si estamos atascados sintiendo las cosas a través del ego, podemos sentirnos víctimas de nuestras experiencias y carecer de la motivación necesaria. La datolita nos ayuda a recibir la sabiduría de nuestras experiencias y a dejar de lado el ego, para trabajar con la información que recibimos de forma imparcial.

Honra tus experiencias. Deja que tu corazón las vea desde un punto de vista neutral. ¿Sientes cómo se profundiza tu comprensión de la verdad? La vibración respetuosa de la datolita nos ayuda a ser más reflexivos, abiertos y seguros con nuestras reflexiones y en nuestras relaciones. Aprendemos a reformular nuestras experiencias para crecer espiritualmente sin dejar que el ego o las emociones tomen el control.

Abraza la perspectiva informativa de la datolita en:
• Contemplación de los cristales (p. 213)
• Meditación al amanecer o al atardecer (p. 31)

Cambia tu perspectiva con la rosa del desierto, p. 29
Reformula tus experiencias con la quiastolita, p. 62

Shattuckita

CUALIDAD	Ingeniosa, consciente, colaborativa
CHAKRA	Sacro, corazón, tercer ojo
FOCO	Reestructurar la realidad, canalizar los mensajes, amplificar las intenciones energéticas

El universo siempre está escuchando. Capta la expresión de nuestros deseos y sentimientos más profundos y crea las situaciones que nos llevarán hasta ellos. Pero a pesar de toda esta intervención divina, nos piden que participemos en su manifestación.

Para poder conseguir nuestros sueños, estos deben disponer de espacio para alimentarse y desarrollarse. Nuestras dudas surgen cuando nos aferramos a algo del pasado de lo que debemos desprendernos. La shattuckita afloja el poder de lo que solía definir nuestra realidad, ofreciéndonos a cambio posibilidad expandida. Nos recuerda que debemos participar en la creación de espacio para lo que se avecina.

Explora tu forma de cocrear con el universo. ¿Estás dispuesto a hacer la parte del trabajo que te corresponde? Evalúa a qué te estás aferrando y deja que la shattuckita te ayude a canalizar los mensajes divinos que te indican si ha llegado el momento de deshacerse de ello. Si seguimos su consejo, crearemos espacio para nuestro sueños y sabremos cuál debe ser nuestro siguiente paso para que se hagan realidad.

La vibración consciente de la shattuckita ayuda a hacer los sueños realidad en:
• Ritual del deseo (p. 79)
• Red del ciclo lunar (p. 106)

Haz cambios con la piedra luna arcoíris, p. 171
Cocrea con el universo mediante la malaquita, p. 88

CRISTALES

Shattuckita
«Mis pensamientos
crean mi realidad.»

Citrina

«Me libero de la necesidad de ser perfecto, soy suficiente.»

Citrina

Es fácil quedar atrapado en la manifestación de nuestros sueños. Los visualizamos como si ya los hubiéramos alcanzado y olvidamos participar en el proceso. La acción exige que nos mostremos confiadamente decididos.

Si nuestra atención queda atrapada en el producto final, puede costarnos saber cómo seguir adelante. La citrina nos recuerda que nuestra motivación y dedicación iluminan el camino que debemos seguir y nos indican cuáles serán nuestros siguientes pasos. Aborda las causas de la postergación y nos recuerda que es más importante el hecho de actuar que la perfección.

Si nuestra acción está paralizada por el miedo, será incorrecta o no bastará. La citrina nos ayuda a librarnos de la necesidad de ser perfectos y nos lleva a explorar lo que nos ofrece nuestro progreso. Si aceptamos que siempre estamos aprendiendo y creciendo, no perdemos el rumbo y vemos las posibilidades que hay en todo.

Activa esta energía con la citrina siempre que quieras avanzar y hacer que algo fructifique con:
• Red de creatividad (p. 106)
• Meditación para conectar con la luz divina (p. 157)

Clara, motivada, creativa	CUALIDAD
Plexo solar, corona	CHAKRA
Hacer que el sueño se haga realidad, actuar sobre los pasos siguientes, librarse de la necesidad de ser perfecto	FOCO

Libérate del perfeccionismo con la piedra luna negra, p. 195

¿Por el buen camino? Sigue adelante con la obsidiana copo de nieve, p. 27

Ámbar

Lo queremos ahora y no estamos dispuestos a esperar. Con las prisas, pasamos por alto las señales de alarma que nos indican que nuestro deseo no está alineado. Avanzar con intención y conciencia puede resultar complicado cuando las emociones nublan el proceso y el ritmo.

Ceñirse a la sincronización divina exige valor y confianza. Si estamos dispuestos a escuchar, recibimos toda la sabiduría del pasado que está ahí para guiarnos. El ámbar ralentiza nuestra velocidad, conectándonos con la intención que se esconde tras nuestras acciones y deseos.

¿En qué cosas te precipitas? Mira en tu interior mientras te preguntas: «¿Lo hago para estar a la altura de la gente que me rodea o sigo adelante porque es lo correcto?». Cuando tenemos clara la intención, el ámbar nos ayuda a encontrar nuestro propio ritmo.

Absorbente, paciente, pensativa	CUALIDAD
Plexo solar, raíz, corazón	CHAKRA
Librarse de la urgencia, avanzar de forma alineada con nuestros deseos, prestar atención a la sincronización divina	FOCO

Canaliza la energía del ámbar siempre que pierdas de vista tu sabiduría interior y trates de apresurarte con:
• Contemplación de las nubes (p. 52)
• Lectura de los cristales (p. 212)

¿Sigues el tiempo divino? Prueba la piedra hada, p. 211

¿Intentas estar a la altura de los demás? Visita el cuarzo girasol, p. 165

Imagen en p. 117

Ópalo de fuego

CUALIDAD	Cósmica, etérea, trascendente
CHAKRA	Plexo solar, sacro, tercer ojo, corona
FOCO	Iluminación espiritual, presenciar la magia en acción, sentir el susurro de lo divino

El universo a menudo nos exige que creamos en las cosas más improbables. Todos los días nos desafía a permanecer abiertos y receptivos a su magia. Pero a algunos nos es más fácil centrarnos en las explicaciones que aceptar las expresiones etéreas de lo divino.

La curiosidad por saber más y por saber el porqué puede ser fantástica, pero un exceso de lógica y razonamiento puede hacer que todo pierda lustre. El ópalo de fuego nos otorga trascendencia. Nos conecta con las vibraciones originales que susurran su sabiduría a nuestro ser. Vemos su magia en acción, iluminándonos, activándonos e inspirándonos para que creamos en las posibilidades más descabelladas.

Si te cuesta ver el brillo de la vida, deja que el ópalo de fuego revitalice tu conciencia de la magia cultivando un mayor aprecio por la interconexión de la vida que te rodea. Todas las ideas están contenidas en una, y en cuanto nuestra perspectiva cambia, despertamos a algo completamente distinto, nuevo, irreal. Debemos decidir hasta dónde estamos dispuestos a llevar nuestro sueño.

Atrae la energía esclarecedora del ópalo de fuego siempre que pierdas el contacto con la magia del presente en:
- Contemplación de las estrellas (p. 52)
- Baño de bosque (p. 52)
- Contemplación de los cristales (p. 213)

¿Viendo la magia? Ve más allá con el gabbro añil, p. 241
¿Perdido en la lógica? Libérate con la piedra coral, p. 175

Cornalina

CUALIDAD	Valiente, apasionada, osada
CHAKRA	Raíz, sacro, plexo solar
FOCO	Crear desde el interior, recordar lo que se siente estando vivo, moverse a través del miedo

Nos enseñan que debemos cumplir las reglas, que debemos ser como los demás. Nuestro fuego creativo queda limitado por un mundo construido en torno al miedo. No es fácil recordar el brillo que se arremolina dentro y todavía cuesta más encontrar el valor para expresarlo.

Todos somos únicos y la vida nos ofrece la oportunidad de dejar que nuestra individualidad brille. La cornalina activa el valor interior para ser quien eres. Nos anima a intentarlo si nos pueden el miedo y las preocupaciones. Nos recuerda que nuestros errores son campos de entrenamiento para la innovación. Respira hondo y fíjate en qué partes de tu cuerpo están tensas. ¿Qué escondes ahí y cómo te frena? ¿Se trata de algún miedo?

La cornalina nos reconecta con nuestro pionero interior enseñándonos a seguir con audacia nuestra propia iniciativa. Cuando nos sentimos bien haciendo las cosas de un modo distinto, las posibilidades se abren más a fondo.

Siempre que tengas dudas, canaliza la cornalina para aumentar tu energía en:
- Trabajo de respiración (p. 156)
- Meditación tomados de la mano (p. 157)
- Piedras en el cuerpo (p. 30)

¿Te sientes audaz? Sube el volumen con el ágata musgosa, p. 46
¿Sigues siendo tímido? Descubre tu belleza con el cuarzo yacaré, p. 80

Ópalo de fuego

«Veo la magia en todas las cosas y en todas partes.»

Ámbar

«El universo me guía para que esté en el lugar correcto en el momento oportuno.»

Cornalina

«Siempre que el miedo o la duda cruzan por mi mente, recuerdo el valor que reside en mi corazón.»

Calcita miel

CUALIDAD	Energizante, empoderadora, armoniosa
CHAKRA	Plexo solar, corazón
FOCO	Felicidad a través de la liberación, ver el efecto de nuestras acciones, vivir en la integridad

Se está acercando un cambio energético importante, uno que no se centra en los estándares de la sociedad, sino en nuestra integridad energética. Para nosotros, los sueños y las esperanzas para el futuro están conectados a la transformación de la sociedad.

Nuestro propósito va unido a la liberación. Nuestra felicidad está vinculada a la igualdad. Bajo la energía empoderadora de la calcita miel equilibramos la dulzura con la verdad radical, vemos nuestras acciones como un reflejo directo de nuestros valores. Es una llamada a la acción, que nos muestra lo que se necesita para la paz, la armonía y la liberación del mundo.

Siempre que nos sentimos satisfechos, la calcita miel brilla intensamente, iluminándonos todo el camino y haciendo que nos abramos a un nuevo modo de ser. Nos anima a mirar con atención cómo se expande la energía creando olas que definen el litoral. Solo que ese litoral es un nuevo paradigma. Pregúntate: «¿Qué estaría dispuesto a hacer si supiera que traería paz al mundo el día de mañana?». ¡Y luego hazlo!

Incorpora diariamente la verdad radical a tus acciones con la calcita miel en:
• Meditación del aura (p. 213)
• La mirada (p. 238)
• Meditación del canal dorado (p. 238)

Para liberarte dirígete al ágata de lazo loco, p. 102
Mira la imagen completa con el jaspe del desierto, p. 36

Fluorita amarilla

Vigorizante, profundizadora, clarificadora	**CUALIDAD**
Plexo solar, sacro, corona	**CHAKRA**
Cultivar el conocimiento interior, oír las vibraciones del alma, cambiar la dinámica de la vergüenza	**FOCO**

Necesitamos claridad para visualizar nuestros sueños. Esta procede del silencio transformador que encontramos cuando estamos a solas con nuestra vibración. Es gracias al silencio como podemos oír nuestra vibración energética.

No nos gusta estar a solas. Es cuando todo queda en silencio y debemos afrontar las cosas de las que huimos, conscientemente o no. La fluorita amarilla es la luz dorada que nos permite ver partes de nuestra alma que de otro modo no veríamos. Elevados por su energía, podemos ver nuestra vergüenza desde una perspectiva compasiva y transformarla en una vibración de empoderamiento.

Respira hondo y mírate al espejo. ¿Te quieres lo suficiente como para disfrutar estando a solas en tu propia vibración? Revitalizando el corazón y el alma, la fluorita amarilla te eleva por encima del miedo. Te ayuda a aceptar cualquier sentimiento o recuerdo difícil que encuentres, insuflando nueva vida e inspiración en su despertar.

Cultiva la quietud activa con la fluorita amarilla siempre que te cueste respirar. Úsala en:
• Silencio sereno (p. 238)
• Meditación del canal dorado (p. 238)

¿Miedo al silencio? Recurre a la cianita verde, p. 80
¿Cómodo? Pásate a la apofilita transparente, p. 207

Oro

Maleable, metamorfoseante, conectada	**CUALIDAD**
Plexo solar, corona	**CHAKRA**
Abrirse a las influencias del universo, redefinir la fuerza, abrazar el cambio	**FOCO**

La fortaleza suele verse como una cualidad firme y contundente. Pero aceptar esta concepción de la fortaleza nos lleva a desconectarnos de la energía fuente, como si estuviéramos solos en el mundo. Y esta mentalidad de «nosotros contra el mundo» hace que siempre nos quedemos cortos.

La fortaleza es la capacidad de cambiar y adoptar una nueva forma si fuera necesario. Cuanto más rígida es una sustancia, más fácil es que se rompa. El oro representa la fortaleza como una energía maleable que está abierta y receptiva al cambio.

No estamos solos en el mundo. Entramos en contacto con otras expresiones de energía universal todo el tiempo. Sigue el ejemplo del oro: aprende a apreciar estas expresiones únicas del mundo y cambia cuando sea necesario. La energía fuente fluye siempre y nos moldea constantemente, no tenemos por qué tener tanto miedo a la nueva forma que adoptaremos.

Si te descubres rechazando las enseñanzas del universo, deja que el oro te muestre cómo encontrar un enfoque más flexible. Úsalo en:
• Meditación para conectar con la luz divina (p. 157)
• Piedras en el cuerpo (p. 30)

¿Quieres marcar la diferencia? Prueba el ágata uva, p. 227
¿Te sientes solo? Encuentra apoyo comunitario con la amazonita, p. 75

Imágenes en pp. 120-121

Ojo de tigre

«Mi energía está
alineada con mi
corazón, siempre me
siento centrado.»

Fluorita amarilla

«Mis heridas son los
pozos creativos para
mis inspiraciones
más profundas.»

Calcita miel

«Mis acciones reflejan
mis valores, cada una es
un acto de liberación
y armonía.»

Oro

«Soy blando
y soy fuerte.»

Ojo de tigre

Alineadora, equilibradora, integradora	CUALIDAD
Plexo solar	CHAKRA
Fusionar la expresión interna y la expresión externa de nuestra energía, priorización saludable	FOCO

FUEGO

La vida es un baile constante entre nuestro mundo interno y el externo, un equilibrio en el que los extremos deben hallar su centro. Como seres empáticos que somos, la culpa puede determinar a menudo nuestras prioridades, situándonos de forma errónea y haciendo que nos sintamos abrumados y agotados.

Si dejamos que sean otros los que controlan nuestras prioridades, ¿cómo vamos a conseguir el equilibrio? El ojo de tigre actúa como anclaje y nos ayuda a descubrir nuestro eje central. Nos mantiene viviendo en nuestra integridad, ya que incorpora todos los aspectos de nuestra vibración para evaluarlos. Aprendemos a filtrar la vida a través de nuestro centro y lo alineamos con el corazón, lo que nos permite avanzar con decisión consciente, sin perder nuestra energía.

Evalúa tus prioridades e identifica los ámbitos en los que la culpa arrolla tu toma de decisiones. ¿Puedes recalibrarte manteniendo la energía alineada para poder dirigirla intencionalmente? Bajo el ojo de tigre decimos «no» cuando nos hace falta y «sí» solo cuando realmente es eso lo que queremos decir. Con su apoyo, fusionamos la esencia interna y la esencia externa para autentificar nuestra expresión y evitar caer en tratar de complacer a los demás.

Únete al ojo de tigre siempre que te sientas abrumado o desbordado. Úsalo en:
• Equilibra los chakras (p. 156)
• Reiki (p. 182)
• Yin yoga con cristales (p. 134)

Deja de querer complacer a la gente
con la hematita, p. 24
¿Estás equilibrado? Prueba la estilbita, p. 223

Moldavita

CUALIDAD	Rápida, abierta, trascendente
CHAKRA	Corazón
FOCO	Ascensión espiritual acelerada, rendición al universo, aceptación de la energía cósmica

La senda espiritual es una experiencia que dura toda la vida. De vez en cuando nos enfrentamos a una situación que despierta nuestra resistencia o nuestro miedo, o ambos. Nos hemos derrumbado en exceso y necesitamos un empujón energético.

Cuando nos oponemos al cambio o nos da miedo dar el siguiente paso, el mejor antídoto es la moldavita. Su vibración hace que nos movamos tan rápido que no tenemos tiempo de pensar en resistirnos. Es un viaje excitante que nos desafía con sus cambios repentinos y nos hace recuperar vivencias pasadas. Es para espíritus aventureros que se han rendido por completo al universo. ¿Estás listo para esos grandes saltos espirituales? Confía en la moldavita. Es la piedra indicada cuando no tenemos nada que perder. Prepárate para moverte rápido y para llegar felizmente desorientado. La moldavita es el catalizador que nos saca del paradigma y nos devuelve al éter del amor. Se acabó mirar atrás.

Cuando busques una mejora energética completa, trabaja con la energía de la moldavita en:
• Trabajo de respiración (p. 156)
• Piedras en el cuerpo (p. 30)

¿Listo para el siguiente nivel? Cuarzo gwindel, p. 220
¿Sigues sin estar seguro? Prepárate con la prehnita, p. 68

Ágata piel de serpiente

CUALIDAD	Transformadora, vulnerable, curiosa
CHAKRA	Sacro, plexo solar
FOCO	Salir de la zona de confort, escapar de baches energéticos, evolucionar

Las lecciones vitales que aprendemos nos llenan de sabiduría. Si estamos tensos o algo atascados, es el momento de cambiar, de pasar al siguiente nivel, de descargar y seguir adelante. A veces estamos cómodos en la seguridad actual y no nos damos cuenta de que estamos estancados.

No podemos crecer si estamos atascados en la comodidad del pasado. Si optamos por no crecer, impedimos que nuestros dones se incorporen al mundo. El ágata piel de serpiente hace que, una vez aprendida la lección, avancemos y aceptemos el desafío. Estimula nuestra curiosidad por el mundo en toda su grandeza y por el posible papel que podemos desempeñar en él.

Respira hondo y déjate ir. ¿Qué sientes al experimentar la transformación? ¿Qué sientes al abrazar la ternura de un nuevo desafío? El ágata piel de serpiente nos anima a liberarnos de los límites de nuestro corazón y a expandirlo para que haya más espacio en su interior. La primera transformación es la que más cuesta, pero luego costará menos volver a hacerlo.

Cuando te sientas atrapado en un bache energético, piensa que el ágata piel de serpiente puede ayudarte a salir de él. Prueba a usarla en:
• Trabajo de respiración (p. 156)
• Baño ritual (p. 182)

¿En plena transformación? Recurre al cuarzo espiritual, p. 225
¿Atrapado en una zona de confort? Mira el azufre, p. 130

Moldavita

«Tengo plena confianza
en el universo y estoy
listo para ir allí donde
quiera llevarme.»

Ágata piel de serpiente

«Me transformo
incesantemente, dejándome
ir y aceptando nuevas
experiencias.»

Basalto

CUALIDAD	Intrépida, acogedora, transformadora
CHAKRA	Raíz, corona
FOCO	Abrazar la impermanencia, librarse del apego, estimular el flujo energético

Cuanto más nos aferramos a algo, más anclados en el pasado nos quedamos, lo que nos impide progresar. La nostalgia no es mala, pero si no somos capaces de soltar, perdemos de vista lo que viene después: nuestro renacimiento, que se produce cuando nuestra energía fluye.

La expresión pasada del basalto es la lava fundida, que recorre lentamente grandes distancias antes de enfriarse. No se aferra a lo que fue en el pasado; acepta la transición y, al hacerlo, permite que su forma pase a albergar otros minerales sorprendentes como el oro, la mesolita y el feldespato. También nosotros podemos aceptar sin problemas nuestra transición desde el recuerdo hasta el presente. El basalto nos transmite una lección sobre la impermanencia y sobre las posibilidades que se nos ofrecen cuando nos abrimos al movimiento.

¿Cuándo te muestras temeroso y reticente ante las evoluciones naturales de la vida? El basalto nos recuerda que estamos a salvo. Su vibración enraizante nos ayuda a apreciar y a desprendernos, para que podamos experimentar nuestra propia transformación energética. Al fluir, nos abrimos a algo más grande.

Siente el efecto transformador del basalto en:
• Piedras en el cuerpo (p. 30)
• Contemplación de las nubes (p. 52)

Basalto

«Abrazo mi flujo de energía, dejando espacio para la transformación.»

¿Listo para avanzar? Pásate al cinabrio, p. 136
Descubre lo que te aportan las transiciones con la tanzanita, p. 191

Aragonito

«Dejo brillar mis estrellas interiores, no tengo por qué esconder mi energía cósmica.»

Aragonito

Auténtica, segura, radiante	CUALIDAD
Plexo solar, sacro, raíz	CHAKRA
Librarse del miedo y las preocupaciones, expandir las limitaciones personales pasadas, conectar con el cosmos interior	FOCO

Está el yo que proyectamos al mundo, una versión de nosotros mismos más fácil de digerir, y el yo que mantenemos a salvo en nuestro interior por miedo a mostrar su poder. Nuestro miedo hace que vivamos modestamente, que vayamos a lo seguro y que seamos complacientes. La posibilidad de ser rechazados es tan grande que preferimos seguir metidos en la caja que salir ahí afuera.

No es fácil tener el poder o dejarse ver. Si hay algo que nos enseña el aragonito, es a mostrarnos con audacia desde la curiosidad. Cuando lo hacemos, se produce una liberación energética en la que nos sentimos conectados con nuestros orígenes cósmicos y nos permitimos brillar.

Recuerda que estamos hechos del mismo material cósmico que las estrellas del universo. Las estrellas de épocas remotas que se expandieron y se contrajeron reiteradamente para que hoy podamos existir. El aragonito expande tu vibración más allá de las barreras internas que te retienen, conectándote con el cosmos interior.

Rompe las barreras con el aragonito en:
• Contemplación de las estrellas (p. 52)
• Trabajo de respiración (p. 156)

Asume tu poder con el zircón, p. 154
Mejora tu confianza con el granate almandino, p. 38

Pirita

CUALIDAD	Empoderadora, auténtica, inspiradora
CHAKRA	Plexo solar
FOCO	Descubrir tu propia geometría sagrada, experimentar brillo energético, mejorar la confianza

La vida consiste en gran medida en aprender y descubrir: aprender lo que funciona y lo que no; descubrirnos a nosotros mismos y las cosas que podemos ofrecer. Transitar por nuestro camino en medio de un mundo lleno de gente que hace justo eso mismo puede resultar desalentador.

En lugar de pedir consejo a los demás sobre cómo podemos aumentar nuestra valía y nuestros triunfos, la pirita nos anima a dejar brillar nuestra luz, otorgándonos una confianza natural que nos muestra el camino. Detente a analizar la forma de tu energía. ¿Dónde intentas replicar exactamente lo que has visto o lo que te han sugerido? La pirita nos anima a dejar espacio para que nuestro talento pueda aflorar orgánicamente y guiarnos hacia una perfección innata que llega de forma espontánea. Con su energía resplandeciente, descubrimos que no estamos intentando reinventar lo que ha ocurrido antes, sino que estamos encontrando nuestra propia manera de expresar lo que siempre ha estado en nuestro interior.

Recurre a la pirita siempre para reconectar con tu propio resplandor orientador con:
• Meditación del canal dorado (p. 238)
• Red de creatividad (p. 106)

Aumenta la autoaceptación con la rodonita, p. 93
Deja que tu confianza suene con la piedra K2, p. 203

Cuarzo rutilado

CUALIDAD	Esclarecedora, evolucionadora, consciente
CHAKRA	Corona, plexo solar
FOCO	Activación espiritual, transformar lo cotidiano en asombro místico, encontrar tu lugar en el tiempo y el espacio

Nuestra rutina se condensa en unos bloques breves de existencia, básicamente los mismos lugares que se repiten. Nuestra mente, nuestro cuerpo y nuestra alma hacen lo mismo, repitiendo pautas. Pero un día, un fuerte sentimiento despierta nuestra curiosidad. Entonces sentimos los estratos del tiempo; todas sus permutaciones coinciden y experimentamos un *déjà vu*.

Esta sensación de ya haber estado ahí antes es un portal mágico hacia la interconexión del universo. El cuarzo rutilado representa los hilos del tiempo y del espacio que se entrelazan para crear el entramado de la vida. El conocimiento que proporciona fomenta nuestro despertar espiritual y nos recuerda que todo se mueve, evoluciona, cambia. Quizá no vemos dichas transiciones, pero están produciéndose.

Analiza tu rutina diaria. ¿Te has perdido en la repetición? Accede a tu espiritualidad bajo la tutela del cuarzo rutilado. Escucha las reflexiones que suscita en lo que de lo contrario no serían más que experiencias banales de la vida. Su vibración activadora te conectará con el universo de un modo que posiblemente no hayas experimentado antes, abriéndote para que puedas ver el mundo con una conciencia mística.

Activa tu transformación espiritual con el cuarzo rutilado en:
• Meditación para conectar con la luz divina (p. 157)
• Meditación del aura (p. 213)

Despierta tu curiosidad con el ágata dendrítica, p. 22
Ábrete a la fuente con la heulandita, p. 236

Pirita
«Mi energía se expresa
por naturaleza en
forma de perfección.»

Cuarzo rutilado
«Despierto a los
misterios y la magia
del universo.»

Piedra del Sol

«Veo la expresión de mi poder como una oportunidad para conectar de un modo más colaborativo con la comunidad.»

Cuarzo tangerina

«Incorporo la diversión a mi vida y esta resetea mi energía.»

Piedra del Sol

Benevolente, alentadora, animada	CUALIDAD
Sacro, plexo solar	CHAKRA
Aprender a liderar siendo servicial, fomentar una relación saludable con el poder	FOCO

El poder creado por el liderazgo vertical que nos han enseñado a valorar elimina la posibilidad de igualdad y de innovación, ya que las personas tienen que competir y pisarse unas a otras para subir de categoría. No hay colaboración porque hay demasiados intereses.

Lidiar con los efectos de ver al resto por encima o por debajo de ti debilita tu conexión con la comunidad. Los rayos de benevolencia de la piedra del Sol nos muestran la enorme diferencia que hay entre liderar desde arriba y liderar siendo serviciales. Revoluciona nuestra relación con el poder, haciendo que nuestras acciones y elecciones busquen el bienestar de todos.

Analiza tu expresión del liderazgo. ¿Dónde podrías incluir más colaboración, compasión y amor? Con el apoyo de la piedra del Sol aprendes las ventajas de trabajar conjuntamente por el bien común. Abraza su cálida benevolencia y observa cómo se transforma tu capacidad de liderazgo a medida que elimina los puntos de vista obsoletos acerca del liderazgo y el poder .

Disminuye tu necesidad de controlar con la piedra del Sol en:
- Silencio sereno (p. 238)
- Meditación tomados de la mano (p. 157)

¿**Listo para colaborar?** Explora la apatita azul, p. 199
¿**Te sientes optimista?** Ábrete al ágata musgosa, p. 46

Cuarzo tangerina

Edificante, creativa, lúdica	CUALIDAD
Sacro, corazón	CHAKRA
Procesar los traumas profundos, reconectar con nuestro niño interior, reformular las experiencias difíciles	FOCO

De niños no dominamos el lenguaje ni podemos procesar nuestras experiencias y librarnos de ellas. Así que nos aferramos a ellas y acabamos explicándonoslas de un modo que nos permita poder seguir adelante más o menos indemnes, o eso pensamos. A veces funciona, así que seguimos haciendo lo mismo; otras veces cavamos un hoyo emocional más profundo.

Independientemente de cómo gestionáramos ciertas experiencias o traumas en su momento, el cuarzo tangerina nos devuelve a ese instante con el fin de que reformulemos nuestras experiencias para nuestro propio empoderamiento.

Profundiza en los archivos de tu existencia. Ahora que tienes una mejor perspectiva del conjunto, ¿sería una buena idea que la revisaras y la reformularas? El cuarzo tangerina nos anima a reflexionar y a resetear. Deja que su energía lúdica ilumine la experiencia y te guíe de vuelta a la aceptación de la conexión sustentadora. Es una invitación para reconectar con tu niño interior.

Viaja al pasado con el cuarzo tangerina siempre que sientas que tus respuestas podrían ser reformuladas, con:
- Trabajo de respiración (p. 156)
- Escritura sensitiva (p. 212)

Explora tu lado creativo con la vanadinita, p. 41
Procesa las emociones con la hemimorfita, p. 179

Piedra de azufre

CUALIDAD	Purificadora, concienciadora, esencial
CHAKRA	Plexo solar
FOCO	Confiar en nuestros sentidos, apreciar la complejidad de nuestra naturaleza emocional, despertar nuestra existencia dinámica

Navegamos continuamente por los rápidos cambios de la vida, y en cada recodo sentimos como si jugáramos con fuego. La volatilidad de cualquier situación, sentimiento o idea puede parecer peligrosa, pero son estas situaciones intensas, poderosas y dinámicas las que despiertan nuestra alma y nuestra fortaleza.

La piedra de azufre es un mineral complejo y sorprendente: representa nuestra llama interior, esa parte de nosotros que necesita cariño para prosperar. Su blandura hace que sea susceptible a las fuerzas externas, como el agua o el calor, pero si se usa y se trata con respeto, nos pone en contacto con los complejos mecanismos internos de nuestra naturaleza emocional. Con la piedra de azufre, la volatilidad puede parecer un renacimiento en el que aquello que oculta tus sentimientos y tus límites es eliminado, dejando espacio para que puedas existir tal como eres.

Alimenta tu fuego interior con la piedra azufre en:
- La mirada (p. 238)
- Trabajo de respiración (p. 156)

¿Alma despierta? Pásate a la tectita, p. 246
¿Actuando a pequeña escala? Recurre a la hematita, p. 24

Calcita naranja

CUALIDAD	Efervescente, creativa, conectora
CHAKRA	Sacro, plexo solar, corazón
FOCO	Encontrar soluciones innovadoras, superar los desafíos, transformar las emociones pesimistas

Los pequeños desafíos que se cruzan en nuestro camino pueden hacernos descender de nivel y hacer que nos sintamos derrotados. Nuestro mal humor es contagioso. No pasa nada por tener un mal día, pero a veces necesitamos un empujón para levantar el ánimo y ponernos en marcha.

Como burbujas que suben rápidamente a la superficie, la calcita naranja nos eleva, dándonos una percepción expandida. Nuestra posición estratégica nos permite ver lo que hay en el horizonte, proporcionándonos algo hacia lo que mirar e inspirándonos para mantener levantado el ánimo. Nos recuerda que no estamos solos y nos anima a apoyarnos en nuestra comunidad. Bajo su calidez envolvente, recordamos las cosas que nos hacen sentir vivos para no acabar perdidos en el pesimismo. Recordamos a las personas que iluminan nuestro día y recurrimos a ellas en busca de apoyo.

Siempre que la vida te haga sentir alicaído, inspira la vibración edificante de la calcita naranja. Al expandir tu visión, ¿dónde puedes abrirte a nuevas ideas y distintas vías de acción? ¿Dónde puedes llegar hasta tu comunidad? Deja que la energía creativa de la calcita naranja te mantenga activo e inspire tus siguientes pasos.

Recibe un empujón de la calcita naranja en:
- Red de creatividad (p. 106)
- Contemplación de los cristales (p. 213)

¿Efervescente? Sigue adelante con la fenacita, p. 245
¿Atrapado en una rutina? Dirígete al topacio azul, p. 180

Piedra de azufre

«La volatilidad es
empoderadora. Alimento
mi llama interior con
amor y compasión.»

Calcita naranja

«Solo necesito
respirar hondo para
saber cómo superar
cualquier reto.»

Rodocrosita

«Mi energía se mantiene
elevada. Me muevo con gracia
y facilidad conectando con
aquellos que están dispuestos
a conectar conmigo.»

Espinela

«Reparo el pasado, el
presente y el futuro
porque soy capaz
de perdonar.»

Rodocrosita

Elegante, conectiva, equilibradora	**CUALIDAD**
Plexo solar, corazón	**CHAKRA**
Librarse del miedo al compromiso, honrar nuestros límites	**FOCO**

Nuestra vida gira en torno a las relaciones. Todos necesitamos compañía para sobrevivir. A algunos nos da miedo intimar y otros estamos ansiosos por comunicarnos. Dedicamos tanto tiempo a ello que hemos perdido la habilidad de estar atentos y receptivos a quienes están dispuestos a establecer una conexión sincera.

El miedo es el principal enemigo con el que nos enfrentamos a la hora de cultivar amistades sinceras. Distorsiona nuestra percepción y hace que la conexión resulte más difícil. La rodocrosita nos ayuda a desarrollar el respeto y la comprensión por la expresión del amor.

Cuando es el amor lo que nos guía, nuestra energía fluye con gracia y soltura. No buscamos compañía empujados por la desesperación, ni la evitamos a causa del miedo. Somos fuertes, vulnerables, receptivos y honramos nuestros límites. El amor es un intercambio energético que gira en torno a la franqueza y la integridad. Aquí estamos para amar y ser amados…, y la rodocrosita nos muestra el camino.

Encuentra y desarrolla tu postura amorosa con la rodocrosita en:
• Reiki (p. 182)
• Meditación tomados de la mano (p. 157)

¿Sientes el amor? Prueba la zoisita con rubí, p. 105
Fortalece la conexión con la dravita, p. 246

Espinela

Ancestral, lúdica, indulgente	**CUALIDAD**
Todos	**CHAKRA**
Romper el círculo vicioso del trauma, dejarlo todo mejor energéticamente de como lo hemos encontrado	**FOCO**

Las experiencias vividas por nuestros antepasados se transmite a través de nuestro ADN. No obstante, la energía que nos llega no siempre está tan clara, y un pequeño detonante puede provocarnos un gran dolor. Pero tenemos derecho a sanar.

Esas reliquias energéticas tienen mucho que ofrecernos, siempre que seamos capaces de reconocer los hilos de su influencia. La espinela, una piedra que presenta todos los colores del arcoíris, es la alegría explosiva que rompe la cadena, reparando el pasado y el futuro a través del presente.

Reflexiona sobre las cosas que tus ancestros te han transmitido energéticamente. ¿Dónde puedes ver sus esfuerzos compasivos? La espinela nos enseña a perdonar y a aceptarnos a nosotros mismos. Su vibración armonizante nos ayuda a ver y a liberar, garantizando que las reliquias energéticas que transmitimos sean un tesoro para la siguiente generación.

Rompe el círculo vicioso del trauma con la espinela durante:
• Silencio sereno (p. 238)
• Aprender sobre tus antepasados

¿Abierto al perdón? Explora el crisoberilo, p. 242
Conecta con tus antepasados con la turquesa, p. 46

Cuerpo resplandeciente

Nuestros cuerpos son cristales vivos, desde nuestros huesos y nuestro ADN hasta la fascia que nos mantiene unidos. Debemos cuidar de nosotros del mismo modo que cuidamos las piedras de nuestra colección. Cuida tu cuerpo de cristal con estas técnicas de masaje y estiramiento, y observa cómo resplandeces.

Yin yoga con cristales

El cuerpo se mantiene unido gracias a la fascia, su estructura cristalina, que tiene memoria emocional. Esta sosegada práctica de yoga sirve para que la fascia nos ayude a procesar las experiencias y sentimientos que guardamos en el interior. Las posturas, que se mantienen cinco minutos y se realizan muy lentamente, nos ayudan a encontrar la quietud necesaria. Nos volvemos más intencionales, apreciativos y conscientes de la vida.

Crea tu propia práctica yin con unas cuantas de tus posturas restauradoras favoritas. (Entre las mejores opciones están: postura del cadáver, postura del plátano, postura de la mariposa reclinada, postura del cisne dormido y torsión espinal reclinada.) Empieza haciendo unos minutos de meditación con una piedra que te llame. Luego fluye lentamente por las posturas. Usa los accesorios que necesites para poder realizarlas correctamente. Mantenlas entre tres y cinco minutos. No olvides respirar profundamente y dejar que tu mente fluya.

Masaje y minerales

Todos tenemos algún tipo de punto débil o tensión muscular causada por los distintos hábitos que definen nuestra vida y por la repetición de determinadas actividades. Podemos usar el masaje para aliviar la tensión y restablecer la circulación. Prueba a emplear cristales con una forma específica para añadir una capa adicional de terapia vibracional. Ve un paso más allá investigando la composición química del mineral y alineándolo con las necesidades de tu cuerpo.

- Una piedra en forma de vara masajeadora debe estar pulida, redondeada por uno o ambos extremos y presentar una parte más robusta para poder asirla y presionar. Es perfecta para pantorrillas, muslos y pecho. En otras zonas, usa la parte posterior.
- El masaje linfático, que se usa para hacer que el líquido linfático fluya de nuevo hacia el corazón; prueba a hacerlo con una piedra pulida y ligeramente plana con el borde redondeado u ondulado. Pasa la piedra suave y lentamente por el cuerpo ejerciendo

una leve presión; desplázala hacia los distintos puntos de drenaje, en el cuello, pecho, axilas, parte interior de los codos, ingles y parte posterior de las rodillas.

- El Gua Sha facial, que se parece al masaje linfático, usa el mismo tipo de piedras y el mismo método, pero con una presión más leve. Sobre la piel ya preparada (bruma hidratante y aceite facial), desliza lentamente una piedra pulida y plana sobre la piel formando un ángulo de 15 grados; empieza por la línea central y desplázala hacia el exterior de la cara. Termina con un toque drenante: empieza desde el centro de la barbilla, sube hasta la parte superior de la oreja y desciende por el lateral del cuello.

- Las piedras en forma de vara son ideales para los barridos energéticos, con los que limpias tu aura. Realiza rápidos movimientos circulares con la vara por el cuerpo, prestando especial atención a la cabeza y el corazón. Hazlo al regresar a casa o cuando hayas estado con mucha gente rodeado de mucha energía y necesites volver a centrarte.

Despertar mediante acupresión

La acupresión, basada en la medicina tradicional china de la acupuntura, usa la presión sobre determinados puntos para aliviar la tensión, restablecer la circulación y relajar el cuerpo. Con una vara de cristal puntiaguda, presiona distintos puntos relacionados con tu dolencia. Usa una con la punta más redondeada para la cara. Un punto que explorar es el Yin Tang, que se encuentra a medio camino entre las cejas. Presiónalo suavemente y haz movimientos circulares con la piedra para aliviar el estrés y la ansiedad.

Cinabrio

CUALIDAD	Duradera, alquímica, aclaradora
CHAKRA	Sacro, plexo solar, corona
FOCO	Empezar de cero, superar los momentos difíciles, transformar las experiencias y las emociones

Nuestra reacción ante las situaciones difíciles no suele ser la ideal. ¿Cómo vamos a salir adelante si siempre parece haber un nuevo desafío a la vuelta de la esquina? Apenas hemos empezado a rascar la superficie de uno, cuando ya estamos metidos en otro.

A veces lo único que anhelamos es empezar de cero, tener la oportunidad de tomar todo lo que hemos aprendido y vivido, y volver a empezar. El cinabrio nos ayuda en estos casos. Su energía impredecible transforma nuestras experiencias y emociones mostrándonos el proceso de la alquimia energética. Aprovechamos nuestra fuerza creativa para reforzar nuestra determinación y abrirnos a la orientación divina.

Quizá ha sido un mes, un día o incluso un año especialmente difícil. Deja escapar un profundo suspiro y reconoce todo aquello por lo que has pasado. Recuerda: cuando te sientas atrapado y pienses que necesitas un cambio, el cinabrio eliminará los escombros emocionales y activará tu resiliencia, devolviéndote a un terreno estable con una nueva reserva de energía.

Empodera tu vibración con el cinabrio en:
- Trabajo de respiración (p. 156)
- Piedras en el cuerpo (p. 30)

Sigue adelante con el mármol, p. 187
Encuentra tu poder con el diamante, p. 208

Serpentina

CUALIDAD	Ingeniosa, divina, despierta
CHAKRA	Raíz, sacro, corona
FOCO	Despertar el kundalini, vivir con intención, encontrar tu camino hacia lo divino

El tiempo fluye y, con todo el trajín de hoy en día, es difícil saber qué hora es o en qué día estamos. Todo se mezcla en un devenir interminable. Pero en algún momento tendremos que despertar y abrazar la realidad.

No siempre tenemos que atenernos a convenciones y dejar que el reloj o el calendario dicten nuestras vidas, pero nuestra relación con el tiempo es importante. Nos estructura y respalda nuestra evolución espiritual. La serpentina nos recuerda que cada día es un nuevo comienzo, una oportunidad para volver a empezar. Revela la activación de la posibilidad cuando integramos las reflexiones de la noche anterior y optamos por vivir el nuevo día conscientemente despiertos e inspirados.

Si el tiempo ha fluido sin tu presencia consciente, sacude tu cuerpo para despertarlo moviéndolo tanto y tan rápido como puedas. ¿Dónde has estado desconectado y cómo te sentirías si recuperaras tu energía? La serpentina te abre los ojos y despierta el kundalini, la espiral energética interior que una vez que se desenrosca nos lleva hasta nuestra divinidad. Sigue adelante con inspiración y gratitud, consciente y optimista sabiendo que tu conciencia energética te llevará a la ascensión espiritual.

Expande tu energía con la serpentina en:
- Trabajo de respiración (p. 156)
- Meditación al amanecer o al atardecer (p. 31)

Reconecta con el tiempo con la thulita, p. 97
Ocúpate del cuidado personal con la calcita azul, p. 192

Cinabrio

«Tengo el poder
interior para
transformarme.»

Serpentina

«Cuando vivo y actúo
con intención, me
conecto con lo divino.»

FUEGO

Jaspe abejorro

«Estoy dispuesto
a participar en
la realización de
mis sueños.»

Calcita amarilla

«Con cada respiración
aumenta la fe que
tengo en mí mismo.»

Calcita amarilla

Cuando consideramos las tareas pendientes, a menudo caemos en la tentación de poner alguna excusa. Caemos en pensamientos del tipo: «Si tuviera esto o aquello, podría conseguir mis metas», que hacen que sigamos aplazándolas. Pero lo cierto es que podemos hacer cosas increíbles con lo que tengamos.

Es fácil posponer el proyecto o demorar la colaboración con la excusa de no tener los recursos «adecuados», pero en el proceso perdemos la innovación que dan los desafíos creativos. La calcita amarilla nos mantiene en movimiento y evita que sigamos aplazando las cosas. Su animada energía nos permite superar el miedo y nos hace sentir que podemos y que lo vamos a conseguir.

Echa un vistazo a tu lista de tareas y deseos pendientes. ¿Cuáles has estado aplazando?

Energizante, reactiva, cinética	CUALIDAD
Plexo solar, corona	CHAKRA
Facilitar epifanías, capacidad de superación, aprender a creer en uno mismo	FOCO

La calcita amarilla te ayudará a descubrir qué se esconde realmente tras tu indecisión. ¿Es el miedo lo que te frena o podrías beneficiarte de algo de inspiración creativa?

Revitaliza tu flujo innovador con la calcita amarilla en:
• Red de creatividad (p. 106)
• Lectura de los cristales (p. 212)

¿Necesitas más iluminación? Recurre al cobre, p. 191
Aumenta tu autoconfianza con el ágata blanca, p. 189

Jaspe abejorro

Seguro que en algún momento no lograremos lo que esperamos. No es que nuestras expectativas sean incorrectas, sino que a menudo olvidamos un elemento fundamental: nuestra participación. Declarar nuestros deseos y nuestros sueños es solo la mitad del proceso. Para que se cumplan, debemos aparecer y participar.

Si decimos que deseamos algo, debemos actuar y hacer lo necesario para hacerlo realidad. Con el jaspe abejorro veremos cómo se expande nuestro rol y seremos capaces de conectar y compartir nuestra sabiduría con los demás para apoyarnos en el proceso de manifestación.

El jaspe abejorro reorienta tu energía recordándote que debes estar presente y participativo en la vida. Este cambio de comportamiento es un acto de gratitud por el apoyo que te brinda el universo. Si notas que te

Participativa, cocreativa, recíproca	CUALIDAD
Raíz, plexo solar, corazón	CHAKRA
Conectar con la comunidad, controlar las expectativas, compartir la abundancia	FOCO

cuesta hacer realidad tus sueños, quizá haya llegado el momento de que te fijes más en dónde hace falta tu presencia.

Abraza la energía del jaspe abejorro en:
• Práctica de gratitud (p. 78)
• Meditación tomados de la mano (p. 157)

Cultiva la presencia con el rutilo, p. 91
Profundiza las conexiones con la apatita dorada, p. 38

139

Piedra crisantemo

CUALIDAD	Abierta, propicia, atenta
CHAKRA	Tercer ojo
FOCO	Recibir orientación divina, bajar el ritmo para absorber la magia de la vida, redescubrir los sueños olvidados

El universo siempre está comunicándose con nosotros. Recibimos pequeños mensajes de las formas más inusuales, como sorpresas mágicas, para que nos detengamos en nuestro camino y abramos los sentidos a lo que nos está intentando decir. Si te mueves demasiado rápido, puedes perderte estos suaves susurros del más allá y toda la ayuda que pueden ofrecer.

Estos mensajes nos ayudan a recordar «el porqué» en medio del caos, llevándonos de vuelta a nuestros sueños y revitalizando el entusiasmo por la vida. La piedra crisantemo abre nuestra visión interior y nos ayuda a percibir las esencias mágicas que nos rodean. Basta un minuto para recibirlas, pero si no estamos dispuestos a participar, nuestra capacidad para captar estos augurios que necesitamos desesperadamente se desvanece.

Presta atención a las señales, puede ser cualquier cosa: toparte con un viejo amigo, una conversación con un desconocido, una flor grabada en una piedra, la aparición de un animal o tomar por accidente un desvío equivocado. La piedra crisantemo nos ayuda a bajar el ritmo y a conservar la curiosidad necesaria para apreciar los presagios fortuitos e inesperados. Los mensajes están ahí para guiarnos por la vida y aparecen cuando más los necesitamos.

Abre los ojos a la magia del mundo que te rodea con la piedra crisantemo en:
• Meditación caminando (p. 30)
• Baño de bosque (p. 52)

¿Estrechez de miras? Dirígete a la unakita, p. 232

Redescubre tus sueños con la baritina, p. 244

Granate espesartina

El descubrimiento del fuego desencadenó una serie de acontecimientos que cambiaron el mundo. Su energía, su carisma natural, cautivaron a la humanidad. Cada uno lleva consigo este elemento. Y cuando seguimos la expresión energética del fuego que hay en nuestro interior, encontramos fuerza vital creativa y luz interior.

Como ocurrió con el fuego hace millones de años, el descubrimiento de nuestro fuego interior transforma toda nuestra expresión energética. Por fin podemos apreciar las cualidades magnéticas que hay en nosotros y que atraen nuestros deseos. El granate espesartina potencia esta habilidad canalizando nuestra esencia hacia una meta específica. Encontramos nuestra ruta única hacia la abundancia, iluminada por nuestra llama interior.

Aprovecha tu carisma natural y observa cómo impulsa tu magnetismo. ¿Cómo influye en tu capacidad de actuar y manifestarte?

Iluminadora, activadora, magnética	CUALIDAD
Raíz, sacro	CHAKRA
Atraer la abundancia, abrazar el fuego interior, desarrollar cualidades energéticas reforzadas	FOCO

Canaliza la vibración del granate espesartina para inspirar una mayor transformación del alma y desarrollar unas cualidades energéticas todavía más intensas. Observa cómo hace surgir la magia.

Siente el fuego de la inspiración con el granate espesartina en:
• Contemplación en el espejo (p. 79)
• Meditación del canal dorado (p. 238)

Cultiva tu magia con la galena, p. 224
Respalda la manifestación con la citrina, p. 115

Obsidiana caoba

Cada vez pasamos más tiempo abstraídos en los quehaceres de la vida. Cuando nos damos cuenta, llevamos días sin conectar con nuestra comunidad o sin sumergirnos en la atención amorosa de la naturaleza. Este aislamiento agota nuestras reservas de energía. Nos sentimos fatigados y desanimados, y nos cuesta encontrar la motivación para levantarnos y salir al mundo.

Necesitamos estar conectados con el Sol, la Tierra y nuestra comunidad. Sin ellos, nuestra salud se deteriora. La obsidiana caoba nos anima a expandirnos en busca de apoyo sugiriendo recuerdos de cuando nos sentíamos vivos y cuidados con amor.

Sumérgete en la naturaleza para sentir que tu energía se resetea. Sal fuera al sol o siéntate debajo de un árbol. ¿Hay algo en tu entorno que parezca desequilibrado? ¿Dónde puedes usar la

Concienciadora, cambiante, restauradora	CUALIDAD
Raíz, sacro	CHAKRA
Encontrar motivación, buscar apoyo, ajustar la perspectiva	FOCO

orientación de la obsidiana caoba para ajustar tu perspectiva? No tiene por qué tratarse de un cambio permanente. Basta con que refuerce la idea de que, siempre que nos sentimos estancados, el movimiento puede ayudar.

Resetéate con la obsidiana caoba en:
• Pasar tiempo al aire libre
• Meditación caminando (p. 30)

Abraza la naturaleza con el jaspe kambaba, p. 49
Encuentra el valor para cambiar con el ópalo verde, p. 55

Imágenes en pp. 142-143

Piedra luna melocotón

CUALIDAD	Paciente, reveladora, orgánica
CHAKRA	Sacro, plexo solar, corazón
FOCO	Dejar que la vida se desarrolle a su ritmo divino, apreciar la experiencia, librarse de la comparación

Hemos estado tan pendientes de valorar los resultados inmediatos que ello ha acabado contaminando todos los ámbitos de la vida. Vamos corriendo de un lado a otro, impulsamos procesos más eficaces, valoramos el aumento de producción y de crecimiento, y si no vemos una señal de progreso en unos segundos, nuestra mente lo ve como un fracaso. Esta forma de pensar tiene consecuencias muy dañinas para el conjunto de la sociedad, pero todavía peores a nivel individual, porque nos comparamos continuamente con los demás.

Cada vez que esperamos que nuestro desarrollo sea igual al de aquellos que nos rodean, corremos el riesgo de acabar decepcionados. Cada uno de nosotros sigue su propia trayectoria única, que es el resultado de sus circunstancias y su carácter. Lo que funciona para uno puede no funcionar para otro, o puede funcionar a un ritmo distinto. La piedra luna melocotón nos recuerda que los frutos maduran a su propio ritmo, y nosotros también. Garantizamos la magia del ritmo divino haciendo posible esta transformación, orgánicamente.

¿Dónde vas tan acelerado y a qué vienen tantas prisas? Deja de hacer lo que estás haciendo y deja de juzgarte comparándote con los que te rodean. Apóyate en la dulzura de la piedra luna melocotón y permítete desarrollarte con naturalidad. No tengas prisa por llegar, hay mucho que disfrutar por el camino.

Aumenta tu capacidad de paciencia con la piedra luna melocotón en:
• Yin yoga con cristales (p. 134)
• Escritura sensitiva (p. 212)

¿Estás acelerado? Dirígete al jaspe mokaíta, p. 57
¿Necesitas empezar de cero? Prueba el cinabrio, p. 136

CRISTALES

Piedra crisantemo

«Estoy en sintonía
con la comunicación
del universo, mi
corazón siempre está
escuchando.»

**Piedra luna
melocotón**

«Acepto el desarrollo
divino de mi vida, no
hace falta ir con prisas.»

Obsidiana caoba

«Cuando mi entorno
parece estancado, me
muevo.»

**Granate
espesartina**

«Mis acciones crean
la realidad de mis
sueños.»

**Cuarzo
sanador dorado**

«Me rindo a lo divino,
sé que cuidará de mí.»

Cuarzo sanador dorado

Sustentadora, sanadora, estimulante	CUALIDAD
Sacro, corona	CHAKRA
Conectar con la fuente, revitalizar el entusiasmo, abrirse al apoyo energético	FOCO

La sanación es un compromiso de por vida. Recibimos lo que damos. Son muchos los que renuncian a la experiencia, ya que el proceso es intenso y complicado. Reclama atención constante y nos exige entregar nuestra voluntad a la voluntad divina. Pero para aquellos que hacen el esfuerzo, la recompensa es enorme.

El cuarzo sanador dorado nos ayuda a rendirnos por completo y nos conecta directamente con la orientación y el apoyo del universo. Nos mantiene implicados y conectados todo el día, lo que nos permite hacer grandes progresos. El mero hecho de reconocer los pequeños logros a lo largo del camino representa una gran diferencia. El cálido abrazo del cuarzo sanador dorado nos anima a cambiar el enfoque: pasamos de ser sanados a disfrutar del proceso de sanación.

Observa dónde se ha estancado tu propia sanación. ¿Cuáles son las experiencias o detonantes que te intimidan y te impiden seguir adelante? Ábrete a la energía revitalizante del cuarzo sanador dorado y deja que te anime a empezar de nuevo. Deja que te mantenga conectado con la energía fuente y te permita profundizar en tu sanación. El proceso puede ser infinito, pero nos apoyan durante todo el camino.

Impulsa tu sanación con el cuarzo sanador dorado en:
• Meditación del canal dorado (p. 238)
• Trabajo de respiración (p. 156)

FUEGO

Ocúpate de tu corazón con la turmalina rosa, p. 94
¿Conectado con la fuente? Recurre a la fenacita, p. 245

Heliodoro

CUALIDAD	Expansiva, orientadora, alentadora
CHAKRA	Sacro, corazón, corona
FOCO	Ampliar la perspectiva, aprender a ocupar el espacio, abrazar el cambio

Los muros protectores que construimos para mantenernos a salvo limitan nuestra capacidad para ver el conjunto y nuestro desarrollo potencial porque nos mantienen confinados. Funcionamos bajo la ilusión de que lo que vemos por nuestra ventana es todo lo que existe. No sentimos el impulso de cambiar. Pero el mundo siempre está cambiando y formamos parte de esa expansión, seamos conscientes de ello o no.

Al limitar el crecimiento, nuestra vibración se entrecorta y nuestra luz interior se atenúa. Cada vez nos es más difícil maniobrar. Pero el heliodoro nos guía con su sabiduría, elevándonos hasta el éter. La visión expansiva nos recuerda que hay un mundo entero ahí fuera y que deberíamos formar parte de su transformación.

Abre los ojos, abre el corazón. ¿Qué ves? ¿Tu deseo de seguridad limita tu visión? Encuentra un nuevo punto de vista. Acepta otros planteamientos. El heliodoro amplía la percepción y, al hacerlo, nos anima a ocupar el espacio y a participar plenamente de la vida, recordándonos que nosotros creamos nuestra propia realidad.

Abraza una nueva perspectiva con el heliodoro en:
- Contemplación de las estrellas (p. 52)
- Trabajo de respiración (p. 156)

Heliodoro

«El universo es un lugar expansivo. Tengo la mente abierta para recibirlo todo.»

Derriba las barreras con la galena, p. 224
Ocupa el espacio con la hematita, p. 24

Azabache

«Siempre me siento apoyado. Siempre puedo apoyar.»

Azabache

Edificante, sustentadora, conectada	CUALIDAD
Raíz, corazón	CHAKRA
Abrazar el poder de tu voz, aprender a dar y recibir, resiliencia	FOCO

Tocar fondo duele. Allí abajo se está muy solo. Resulta aterrador. La depresión y la tristeza son habituales. Caer en ese agujero puede ser muy traumático. Nos preguntamos cómo saldremos del pozo, si es que lo logramos.

Siempre que estemos envueltos en la oscuridad de un pozo profundo, debemos recordar que está a punto de producirse una transformación increíble. Si hemos tocado fondo, eso significa que solo podemos ir a mejor. El azabache nos ayuda a recuperarnos reconectándonos con la comunidad. En medio de la oscuridad, oímos una voz amiga y vislumbramos la imagen borrosa de una mano extendida hacia nosotros.

Acepta que estás donde estás. Si estás en el fondo del pozo, ¿crees que tienes que salir de él tú solo? El azabache nos recuerda que estamos siempre conectados y que, si necesitamos apoyo,

la forma más fácil de que nos encuentre es usando nuestra voz. También nos anima a escuchar atentamente, porque igual estamos bien, pero podemos ser la mano amiga que otro necesita.

Recupérate con el azabache en:
- Meditación tomados de la mano (p. 157)
- Equilibrio de los chakras (p. 156)

¿Miedo a la oscuridad? Usa la obsidiana copo de nieve, p. 27

Encuentra la conexión con la cobaltocalcita, p. 72

147

Piedra de sangre

«Alimento mi cuerpo,
mi mente y mi alma
con amor.»

**Jaspe piel
de leopardo**

«Soy suficiente.»

Piedra de sangre

Rejuvenecedora, liberadora, fluida	CUALIDAD
Raíz, sacro	CHAKRA
Revitalizar nuestra circulación, encontrar nuestro flujo, alimentar el alma	FOCO

Los movimientos repetitivos que practicamos todos los días son pequeños traumas para nuestro cuerpo, nuestra mente y nuestra alma. Se van acumulando poco a poco, creando nudos en los músculos y bloqueos en nuestra energía. Dado que se forman gradualmente, no solemos apreciar el cambio.

Nuestro cuerpo, nuestra mente y nuestra alma anhelan ser sustentados, pero la falta de circulación provoca letargo y fatiga energética. La piedra de sangre restablece nuestra vitalidad, devolviéndonos a un lugar de gracia y tranquilidad en el que nuestra energía fluye libremente.

Dedica un momento a recuperar el contacto con tu cuerpo, tu mente y tu alma. Gira el cuerpo de un lado a otro, haz rotaciones con el cuello. Fíjate en si retienes mucha emoción en tu interior o en si tienes la mente nublada. Son indicios de que necesitas un toque de rejuvenecimiento. Pídele a la piedra de sangre que te ayude a cuidar de ti a través del descanso, el movimiento o el *mindfulness*. Encuentra aquello que te hace bien y observa cómo se transforma tu esencia.

Siente el apoyo de la piedra de sangre en:
• Masaje y minerales (p. 134)
• Siesta mineral (p. 182)

Cultiva una mayor liberación con la anhidrita, p. 180
Ve a la raíz con la fuchsita, p. 24

Jaspe piel de leopardo

Comprensiva, valiosa, compasiva	CUALIDAD
Plexo solar, corazón	CHAKRA
Descubrir nuestra valía personal, librarnos de la mirada crítica, bañarnos en la aceptación afectuosa	FOCO

La sociedad puede hacernos creer que la expresión de nuestra identidad no es suficiente. Nos ofrecerá opciones para mejorar las distintas imperfecciones, pero incluso después de todo seguiremos pensando que somos insuficientes. Pero ¿es posible sentirse suficiente como se es?

Cuando observamos a otros animales, los alabamos por su belleza y por lo bien que se adaptan a su vida. El jaspe piel de leopardo cultiva esta profunda aceptación de nuestra expresión. Nos anima a reconocer que nuestros atributos nos permiten vivir nuestro destino.

Mírate al espejo. ¿Ves todos los defectos que la sociedad considera indignos? Intenta ver más allá. Inspira, relaja tu mirada crítica y piensa en tres cosas de ti que aprecies. Canaliza la respetuosa energía del jaspe piel de leopardo y abraza toda tu vibración con aceptación compasiva.

Cultiva la autocompasión con el jaspe piel de leopardo en:
• Contemplación en el espejo (p. 79)
• Meditación para conectar con la luz divina (p. 157)

¿Sigues buscando defectos? Deja que el ópalo rosa te ayude, p. 109
¿Sientes tu belleza? Apóyate en ella con el girasol, p. 165

Esfalerita

CUALIDAD	Abierta, apreciativa, dinámica
CHAKRA	Todos
FOCO	Respetar otros puntos de vista, desacondicionar, dejar fluir la información

Estamos supeditados a creer que solo hay una forma correcta. Preferimos tener todos los datos que respaldan nuestras opiniones para evitar caer en la contradicción. Pero, como sabemos, la vida es mucho más compleja.

Cuando damos prioridad a lo binario, nos perdemos los puntos de vista que nos acercan a la armonía. La esfalerita nos anima a incluir la sabiduría más allá de lo que todo planteamiento por sí solo puede ver. Nos pide que prioricemos la equidad.

Fíjate en tu forma de representar las expresiones condicionadas. Abre tu mente y aprecia el enfoque que no coincide con tu visión. Deja que la esfalerita te ayude a ver que la información siempre va y viene. Cuando abrazamos este cambio dinámico, nuestra energía se vuelve más flexible y ya no sentimos la necesidad de hacerlo bien o mal, sino que preferimos conectar con una mayor amplitud de miras.

Incorpora la energía inclusiva de la esfalerita en:
- Meditación tomados de la mano (p. 157)
- Práctica de gratitud (p. 78)

Expande tu percepción con el rutilo, p. 91

¿Cuestionado? Prueba la turmalina rosa, p. 94

Estibina

CUALIDAD	Calmada, armoniosa, alineada
CHAKRA	Todos
FOCO	Conectar todas las partes de nuestro ser, desarrollar la confianza, moverse con intención

Cuando nos enfrentamos a la necesidad de saber, nos apresuramos a buscar respuestas. Sentimos el deseo de tenerlo todo controlado y listo. Nuestra precipitación hace que perdamos la sintonía con nuestro ritmo.

La quietud antes de la acción nos permite reflexionar y conectar con las partes más profundas de nuestra energía. La estibina nos sintoniza con nuestra vibración, lo que nos permite oír lo que nuestro corazón necesita. La pausa nos centra y hace que nos movamos de acuerdo con nuestro bien supremo.

Confía en que sucederá incluso si te mueves despacio: la urgencia no debe darse a expensas de tu energía. Deja que la estibina te muestre el valor de la acción intencionada, en la que aprendes el arte de la reflexión y de cómo puede hacer que tomes decisiones sabias, incluso en una fracción de segundo. Abraza la quietud que te permite participar plenamente de tu energía, garantizando que cada acción está perfectamente alineada con el lugar en el que te encuentras.

Explora la reflexión y la quietud más profundas con la estibina en:
- Escritura sensitiva (p. 212)
- Lectura de los cristales (p. 212)

¿Tranquilo y centrado? Pásate a la heulandita, p. 236

¿Problemas de confianza? Encuentra apoyo con la petalita, p. 87

Estibina

«En la quietud de
mi alma descubro
la acción alineada.»

Esfalerita

«Estoy abierto a
muchas expresiones
del universo.»

Crocoíta

«Mi pasión me guía
por la vida.»

Fluorapofilita

«Reconozco mi
responsabilidad dentro
de la comunidad.
La nutro con amor.»

Crocoíta

Entusiasta, transformadora, inspiradora	CUALIDAD
Sacro	CHAKRA
Conectar con nuestras pasiones más profundas, armonizar nuestra energía, descubrir las posibilidades	FOCO

La pasión es algo extraordinario para nuestra transformación personal. Si la aprovechamos, avanzamos hacia nuestros sueños con mayor rapidez. Todo es posible y contamos con una cantidad infinita de motivación y determinación. Pero cuando estamos estresados o bajo presión, nuestra pasión puede disiparse.

Si la duda encuentra un lugar por el que colarse y logra alterar el hermoso sentimiento de la pasión, la crocoíta es la solución. Refuerza la pasión mediante el amor, la vitalidad y el entusiasmo, lo que sella cualquier fuga energética que podamos tener. Abre la mente de modo que estamos receptivos a la inspiración divina.

Explora tus sentimientos en este momento. ¿En qué parte de tu cuerpo, mente o alma sientes pasión? ¿Puedes usarla para inspirar una transformación energética? Si sientes que tus reservas se están mermando, deja que la crocoíta localice dónde se ocultan las brechas. Apóyate en su vibración restauradora para revitalizar el corazón.

Potencia tu pasión con la crocoíta en:
• Escritura sensitiva (p. 212)
• Trabajo de respiración (p. 156)

Encuentra tu pasión con el rubí, p. 50

¿Fuga de energía? Cierra las brechas con la epidota, p. 93

Fluorapofilita

Inclusiva, conectora, inspirada	CUALIDAD
Corazón, corona	CHAKRA
Expandir la comunidad, cultivar relaciones sinceras, reciprocidad	FOCO

Estamos todos interconectados: un empujón involuntario puede desencadenar palabras de enfado, y una sonrisa o un gesto amable puede crear un momento espontáneo de conexión afectuosa.

Tenemos tendencia a olvidar esa conexión, a vernos como individuos independientes. La fluorapofilita nos ayuda a transformar nuestro enfoque egocéntrico en otro de responsabilidad comunitaria.

Presta atención a tus acciones a lo largo del día y fíjate en cómo se agrupan. ¿Pertenecerían a la categoría de cosas buenas para ti o a la de cosas buenas para todos? La fluorapofilita enfatiza el papel integral que tenemos en nuestra comunidad y nos proporciona la conciencia para comportarnos con sinceridad. Hace que nuestro corazón se expanda recordándonos que no estamos solos. Cualquier cosa que experimente uno de nosotros afecta al resto. Depende de nosotros garantizar que nuestras acciones nos mejoren unos a otros con amor.

Fortalece tus relaciones con la fluorapofilita en:
• Meditación tomados de la mano (p. 157)
• Práctica de gratitud (p. 78)

¿Buscas conexión? Pásate a la creedita, p. 102

Explora la comunidad con el ágata uva, p. 227

Calcopirita

CUALIDAD	Alegre, radiante, excitante
CHAKRA	Corazón, sacro
FOCO	Encontrar el propósito, permanecer comprometido y presente en la vida, recordar qué cosas te alegran

El tiempo pasa volando y los días entran en un bucle monótono. La rutina puede hacer que nos cueste motivarnos o estar alegres. El sentido y el propósito nos parecen algo inalcanzable para nosotros. Seguimos adelante, pero sin el entusiasmo necesario como para permanecer involucrados, anestesiándonos poco a poco.

Sentirse vivo es una sensación increíble y la calcopirita nos ofrece la posibilidad de experimentarla a modo de humilde ofrenda. Nos ayuda a cultivar la excitación que necesitamos para romper el círculo vicioso del letargo y para recuperar nuestros sentidos.

¿Cómo pasa el tiempo para ti? ¿Sigues sintiendo entusiasmo, o te cuesta sentirte motivado para moverte con conciencia? Siempre que sientas que te falta la vitalidad y el interés necesarios para seguir involucrado y presente, pídele a la calcopirita que intervenga. Estimula los sentidos y despierta el espíritu, devolviéndonos a la vida.

Disfruta el resplandor de la calcopirita en:
- Siesta mineral (p. 182)
- Equilibrio de los chakras (p. 156)

Ahonda más en la intención con la pegmatita, p. 96
Reconecta con el tiempo mediante la angelita, p. 236

Circón

CUALIDAD	Edificante, empoderadora, sustentadora
CHAKRA	Raíz, corona
FOCO	Recordar tus capacidades, progresar de forma constante hacia tus metas, encontrar la motivación

La parte más difícil de cualquier viaje es cuando ya casi hemos llegado y la excitación colisiona con la ansiedad. Ya casi vislumbramos el destino, pero aún está demasiado lejos para verlo nítidamente. El esfuerzo invertido ha sido inmenso y cuesta mantener un ritmo constante. Tenemos que usar las reservas de energía con prudencia si queremos llegar al final del camino.

Iniciamos el viaje por un motivo, y abandonar ahora resulta impensable. Acoge la vibración alentadora del circón para que te levante el ánimo y te recuerde de lo que eres capaz. Su capacidad esclarecedora hará que vuelvas a creer en ti y que sigas adelante con paso firme hacia tu meta. A lo mejor has contemplado la posibilidad de abandonar o no sabes cómo seguir adelante. Es normal pensar ese tipo de cosas cuando nos encontramos en situaciones extremas. El circón nos ayuda a recordar por qué nos embarcamos en determinado proyecto y qué hemos aprendido sobre nosotros mismos en el proceso, animándonos cuando las cosas se ponen difíciles. Nos mantiene motivados recordándonos lo que nos espera en la línea de meta: satisfacción.

Sigue avanzando con el circón en:
- Yin yoga con cristales (p. 134)
- Trabajo de respiración (p. 156)

Recuerda tu intención con la cuprita, p. 65
Abraza tu progreso con la iolita, p. 192

Calcopirita

«Vivo con alegría
radiante.»

Circón

«Mi intención me
mantiene alineado
incluso cuando el
camino es incierto.»

Transformar el alma

La confluencia de la respiración y la visualización da lugar a un proceso alquímico que cambia dinámicamente nuestra vibración energética, y revela la magia y la belleza que siempre ha existido en nuestro interior. Estas prácticas sustentan la alineación energética de nuestros chakras, los principales centros energéticos del cuerpo, y nuestra evolución espiritual.

Trabajo de respiración

Al margen de cómo estemos emocional, física y espiritualmente, siempre hay un tipo de respiración indicada para nutrirnos. Aquí te explico distintas técnicas para acompañar tus meditaciones con cristales.

- Respiración de la parte baja del abdomen. Toma aire por la nariz y llévalo hacia la parte baja del abdomen, haciendo que este se expanda. Saca el aire lentamente por la nariz o la boca metiendo el abdomen hacia dentro para completar la respiración.
- Respiración de fuego. Esta técnica de respiración activa el cuerpo, la mente y el alma. Siéntate con la espalda recta en una postura de meditación. Exhala el aire por la nariz con fuerza, llevando el ombligo hacia dentro y arriba. Al inhalar de forma natural, el ombligo y los músculos abdominales superiores se relajarán. Sigue igual durante unos tres minutos. No está recomendado en embarazadas o en personas con problemas de corazón o de columna.

- Respiración holotrópica. Es una técnica de respiración dinámica que mueve la energía y ayuda a liberar los bloqueos emocionales. Es mejor hacerla con un facilitador. El aire, que se inhala y se exhala por la boca, debe entrar y salir a un ritmo constante. Tumbado, inspira profundamente dos veces y luego exhala todo el aire de una sola vez. Inhala profundamente por la boca, llevando el aire hacia la parte inferior del abdomen; inhala una segunda vez llenando la parte superior del pecho. Luego exhala todo el aire. Sigue respirando así 15-20 minutos y luego deja que tu respiración vuelva al ritmo habitual. Puede que alguna emoción aflore, así que concédete permiso para sentir.

Equilibrio de los chakras

Restaura el flujo siempre que sientas la energía bloqueada en una parte concreta del cuerpo.

- Tumbado, pon sobre cada chakra una piedra que tenga correlación con él y/o visualiza que su energía se irradia en esa zona.

- Usa la respiración para alinear tu energía chakra a chakra.
- Visualiza la energía subiendo y bajando por tu eje central, prestando especial atención a las zonas donde sientes que el flujo de energía está restringido. Sigue respirando hasta que sientas que las restricciones se liberan.

Meditación para conectar con la luz divina

Para esos momentos en que sientes indecisión dentro de tu vibración energética.

- Forma un círculo de piedras a tu alrededor y, sentado con la espalda recta, visualiza que la energía fuente fluye a través de tu corona, hacia abajo y alrededor de tu cuerpo como una cascada, bendiciendo cada célula con vigor, resplandor y alegría.
- Imagina que cualquier miedo o esencia de incertidumbre se diluye con el amor y se transforma en inspiración divina.
- Sigue respirando profundamente hasta que puedas sentir nutridas todas y cada una de tus células.

Meditación tomados de la mano

Utiliza las manos como si fueran extensiones del corazón para fomentar una fuerte conexión a través de la intimidad energética y espiritual.

- Intuitivamente, selecciona una piedra y luego emparéjate con alguien.
- Siéntate frente a esa persona de forma que vuestras rodillas se toquen y apoya cada mano en la rodilla del otro lado, con las palmas hacia arriba.
- Pon la piedra elegida sobre la mano de tu compañero y luego coloca tu mano sobre la suya, de manera que las yemas de tus dedos se apoyen suavemente sobre su muñeca.
- Cierra los ojos y toma varias bocanadas de aire centradoras y luego miraos a los ojos en silencio. Permaneced sentados en silencio al menos 10 minutos. Déjate observar y ofrece a tu compañero lo mismo.
- Explícale por qué has escogido la piedra que has elegido y qué representa para ti, como si fuera un mensaje de la piedra a tu compañero.

Ammolita

«Cada experiencia
añade dimensión
a mi belleza.»

Ammolita

Trascendental, paciente, profunda	**CUALIDAD**
Corona, plexo solar	**CHAKRA**
Sanar con el tiempo, ver el propósito de tus experiencias, encontrar la oportunidad para transformarse	**FOCO**

Cuando sentimos dolor, solo prestamos atención a lo que estamos sintiendo. Las sensaciones pueden ser muy intensas y despiertan recuerdos que hacen que perdamos de vista el hecho de que el tiempo todo lo cura. Sin darnos cuenta, perpetuamos el malestar y nos perdemos la belleza de nuestras experiencias.

Estos momentos de malestar son los que nos proporcionan profundidad y carácter. Dedicamos tanto tiempo a lamentarnos de la situación que olvidamos que somos capaces de efectuar cambios. La ammolita, el fósil opalizado de la amonita, nos recuerda que la transformación puede producirse incluso en las situaciones más improbables. Todo lo que necesitamos es tiempo, paciencia y perseverancia.

Trasciende tu foco más allá de las limitaciones de tu ego, tus emociones y tus sentidos. Con esta percepción elevada, ¿notas la profundidad que tus experiencias confieren a tu alma? Sigue el ejemplo de la ammolita y deja que el tiempo cree la dimensión estratificada que transforma tus heridas más dolorosas, sacando a la superficie la belleza y la sabiduría para que todos puedan verlas.

Experimenta un profundo cambio energético con la ammolita en:
- Reiki (p. 182)
- Meditación para conectar con la luz divina (p. 157)

FUEGO

Profundiza en tu esencia con la charoita, p. 200
Cambia tu percepción con la labradorita, p. 219

Cuarzo enhydro

CUALIDAD	Protectora, ancestral, integradora
CHAKRA	Corazón, corona
FOCO	Acceder al pasado, revelar sentimientos ocultos, explorar los misterios de la vida

Nuestros ancestros nos han regalado la sabiduría de sus experiencias. La transmitieron de generación en generación, primero en forma de historias y luego en forma de intuición. Este conocimiento del pasado está bien protegido en nuestro interior y podemos recurrir a él cuando lo necesitemos.

El cuarzo enhydro es la clave para acceder a nuestros regalos energéticos. El agua que contiene representa el potencial que existe en todos nosotros, el misterio de la vida. Sustenta el potencial de nuestra esencia para que pueda ser expresado a través de nuestra interacción con el mundo físico. Tenemos acceso a las experiencias que sucedieron antes, lo que nos abre a la posibilidad infinita.

Visualiza las gotas ancestrales de sabiduría transmitidas hasta ti a través de tu linaje. ¿Has olvidado que existían? Mientras exploras cada gota, deja que el cuarzo enhydro revele el potencial escondido en su interior. ¿Qué nuevo misterio puedes desvelar? ¿Qué nueva posibilidad se ha activado?

Canaliza la energía del cuarzo enhydro en:
• Contemplación de las estrellas (p. 52)
• Meditación acuática (p. 182)

Explora los misterios con el cuarzo rojo, p. 216
Conecta con tus antepasados mediante la espinela, p. 133

Aguamarina

CUALIDAD	Expresiva, liberadora, honesta
CHAKRA	Garganta, corazón
FOCO	Equilibrar las emociones, descubrir la raíz emocional de las experiencias, crear espacio para sentir

Expresar los sentimientos no es fácil. Existe una jerarquía emocional por la que hay sentimientos que se consideran inapropiados. Así que los ocultamos en lo más profundo. La verdad es que nos asustan las emociones más fuertes. Proyectan sobre nosotros los anhelos más profundos de nuestra alma.

Ocultamos nuestros sentimientos, pensando que así desaparecerá la sensación y que el mundo será más agradable. ¿Es realmente agradable si todos tenemos sentimientos ocultos que buscan ser expresados, pero no se da la seguridad necesaria como para hacerlo? Cada acto de represión emocional es enormemente doloroso. No podemos evitar sentir. Forma parte de nuestra naturaleza. El aguamarina nos ayuda a descubrir la raíz emocional de nuestras experiencias y crea un espacio seguro para que las experimentemos.

Identifica las emociones que se arremolinan en tu interior. ¿Hay alguna que intentas evitar? Deja que el aguamarina te libere y sustente la conexión con tus emociones no deseadas. ¿Puedes apreciar su belleza y su complejidad con más amor y compasión? Recuerda, permitirnos sentir refuerza la sensación de valía y aporta un mayor equilibrio emocional.

Crea espacio para poder experimentar tus emociones plenamente con el aguamarina en:
• Yin yoga con cristales (p. 134)
• Trabajo de respiración (p. 156)

Suaviza tu expresión con el ágata lazo azul, p. 168
Sé más atrevido con tus sentimientos
con el aragonito, p. 125

Cuarzo enhydro

«Todo el potencial
está dentro de mi
esencia.»

Aguamarina

«Todas mis emociones
son dignas de ser
expresadas.»

Larimar

CUALIDAD	Clarificadora, relajante, alentadora
CHAKRA	Corazón, garganta, tercer ojo
FOCO	Expresar los sentimientos, superar la impotencia, calmar el corazón

A veces nuestras emociones se descontrolan. Empezamos a usarlas para conseguir que los demás se fijen en nosotros o para desviarnos de la conexión. Caemos en una espiral de victimismo, lo que refleja un daño más profundo que se esconde en nuestro corazón. Es un dolor que surge de las emociones que no son vistas ni oídas. Empezamos a identificar el comportamiento que nos confiere la atención que anhelamos. Al fin y al cabo, lo único que queremos es sentirnos amados.

Tan solo algo increíblemente tranquilizador puede ayudarnos a escapar de la sensación dolorosa. El larimar es la fuerza esclarecedora que calma nuestros dolores y nos recuerda que las cosas pueden cambiar. Aleja lo que haga falta para poder revelar lo que se esconde en lo más profundo del corazón, purificando nuestra expresión emocional para apartarnos de los sentimientos de impotencia y llevarnos hacia nuestra verdad emocional.

Reflexiona sobre el último mes y recuerda la ola de sentimientos que has experimentado. ¿Había alguno que apareciera de forma constante? ¿En qué emociones te amparas para conseguir que los demás te presten atención? Cuando nos duele el corazón o siempre que tenemos un sentimiento dentro que quiera aflorar, el larimar es nuestro aliado. Descubrimos el poder de la expresión emocional sincera, dejando que nuestros verdaderos sentimientos salgan a la superficie.

Siente la energía fluida del larimar en:
- Meditación acuática (p. 182)
- Baño ritual (p. 182)

Sigue fluyendo con la wavellita, p. 172

Desarrolla tu resiliencia con la rosa del desierto, p. 29

Abulón

En un mundo que gira en torno a las posesiones, donde todo tiene que ver con lo físico, puede ser difícil cultivar una conexión con la energía fuente. Parece que no hay espacio para ello, pero el mundo lo necesita. A nuestro espíritu le cuesta encontrar su sitio en este mundo tan material.

Una mente espiritual activa crea un entorno de paz. Nuestra mente espiritual nos permite estar abiertos y receptivos a la energía divina que nos guía. El abulón estimula el campo energético, abriéndolo para que podamos conectar con lo divino. Hace que seamos compasivos y conscientes de las maravillas y los misterios del mundo, así como del propósito que tenemos dentro.

Comprueba cómo está tu vibración energética. ¿Cuál es el estado de tu mente espiritual? ¿Cómo de abierto estás a la sabiduría del universo? Con el apoyo del abulón, nuestra

Compasiva, concienciadora, fortalecedora	CUALIDAD
Sacro, plexo solar, corazón, tercer ojo	CHAKRA
Abrir conexiones intuitivas, crear entornos apacibles, activar la mente espiritual	FOCO

mente está despierta y fortalecida. Sentimos la conexión interna del universo y estamos listos para empezar a vivir con intención.

Despierta tu espíritu con el abulón en:
• Equilibra los chakras (p. 156)
• Meditación para conectar con la luz divina (p. 157)

Encuentra una paz más profunda con la celestita, p. 209
¿Listo para la sabiduría universal? Explora con la azurita, p. 235

Calcedonia azul

Cuando nos centramos en nosotros mismos, nuestra conciencia intuitiva posee una claridad omnisciente. La sensación de saber sin saber realmente, de sentir que el flujo de nuestra intuición es un viaje desenfrenado que nos lleva a experimentar cosas mágicas. ¿Cómo podemos alimentar esta parte de nosotros más a fondo?

La calcedonia azul nos ayuda a entrenar nuestra intuición, proporcionándonos el entorno que necesitamos para profundizar en ella. Nos sentimos tranquilos, dispuestos a explorar nuestros puntos más recónditos y a acercarnos a los miedos que nos han paralizado. Nos ayuda a establecer límites claros en nuestras emociones, de modo que no afecten a nuestra intuición.

Aprovecha tu intuición. ¿Hay mensajes del universo esperando? Usa la orientación de la calcedonia para comprender los murmullos que

Perspicaz, centradora, sustentadora	CUALIDAD
Tercer ojo, garganta, corona	CHAKRA
Desarrollar la conciencia, fortalecer la intuición, establecer límites emocionales	FOCO

hayas podido interpretar de forma incorrecta. Deja que te alinee de nuevo con tu verdad interior, para que puedas encontrar el espacio mágico del saber.

Profundiza tu conciencia con la calcedonia azul en:
• Contemplación de los cristales (p. 213)
• Meditación del aura (p. 213)

Regresa a tu cuerpo con la calcita verde, p. 43
Trabaja en los límites con la rodocrosita, p. 133

Imágenes en p. 164

Calcedonia azul

«Me abro a los
murmullos del
universo.»

Abulón

«Tengo el corazón
y los ojos abiertos,
estoy listo para
recibir la sabiduría
del espíritu.»

Larimar

«Ofrezco espacio a mis
emociones para que
puedan ser vistas.»

Cuarzo girasol

Satisfecha, reflexiva, curiosa	CUALIDAD
Tercer ojo, corona	CHAKRA
Aprender a crecer desde la satisfacción, ver la verdad en la propia experiencia, vivir alineado	FOCO

Cuarzo girasol

«Mi curiosidad inspira mi crecimiento.»

Nos comparamos siempre con los demás. Queremos tener lo que ellos tienen. Su vida nos parece maravillosa, y la nuestra, mediocre. No vemos la belleza en quienes somos ni en lo que hacemos. Nada nos parece suficiente. Nunca somos lo suficiente.

Vivir centrado en lo que otros tienen te impide apreciar lo que hay a tu alrededor. No te permite ver tu vida como algo significativo y valioso. El cuarzo girasol nos ayuda a vernos más claramente, mostrándonos en el espejo que la persona que somos es justamente la que necesitamos ser en ese momento. Todo en nosotros es suficiente. Vemos la verdad en nuestro reflejo y nuestra experiencia. Nos vemos impulsados a crecer desde un espacio de satisfacción, en el que la gente que nos rodea no son nuestros rivales, sino que nos inspiran y nos recuerdan lo que es posible.

Mírate en el espejo. ¿Qué ves? ¿Estás satisfecho con tu reflejo? La respuesta siempre debería ser sí. El cuarzo girasol nos muestra dónde podemos encontrar más satisfacción en nuestra experiencia. Nos anima a crecer desde la curiosidad y la admiración, librándonos de la carencia. Las oportunidades y el potencial son infinitos, pero debemos empezar por reconocer la belleza que hay en quienes somos y en lo que tenemos.

Encuentra la belleza que hay en ti con el cuarzo girasol en:
- Contemplación en el espejo (p. 79)
- Reiki (p. 182)

AGUA

Para apreciarte a ti mismo prueba el cuarzo fresa, p. 83
Encuentra la belleza interior con la flor de amatista, p. 215

Jaspe océano
«Mi respiración
fluye sin esfuerzo.»

Fluorita morada
«El hogar es un
sentimiento interior,
siempre está conmigo.»

Jaspe océano

Calmante, centradora, rítmica	CUALIDAD
Sacro, plexo solar, corazón	CHAKRA
Aumentar la energía, calmar la energía colectiva, hacer que la respiración meditativa fluya	FOCO

La vida es un caos continuo. Suceden tantas cosas que a menudo nos sentimos perdidos en medio del océano: desbordados, desanclados, entre olas que alteran nuestro entorno. La energía de los demás nos sacude, y encontrar cierta estabilidad puede ser todo un reto.

La forma más fácil de recuperar la calma es a través de la respiración. Si inhalamos y exhalamos profundamente, nuestra vibración se calma de inmediato. Pero cuando estamos flotando en alta mar, necesitamos algo más de ayuda. El jaspe océano es nuestro guía y nos ayuda a navegar por los mares tempestuosos de la vida. Descubrimos el ritmo del agua y el arte de la flotación. Nuestra respiración encuentra su movimiento fluido y aprendemos a movernos con las olas.

Nunca se sabe cuándo nos arrojará al mar el caos de la vida. Ir a la deriva puede ser aterrador.

Navega por las turbulencias que te rodean con el ritmo estable del jaspe océano. Respira hondo sin prisas, dejando que la respiración calme tu espíritu. Pronto estarás a salvo en tierra firme.

Haz que la energía siga fluyendo con el jaspe océano en:
• Meditación acuática (p. 182)
• Baño ritual (p. 182)

Sigue fluyendo con el larimar, p. 162
Abraza el caos con la piedra crisantemo, p. 140

Fluorita morada

Acogedora, clara, purificadora	CUALIDAD
Todos	CHAKRA
Encontrar el camino a casa, honrar nuestros límites, descubrir las respuestas	FOCO

Piensa en el largo trayecto a casa y en los retos a los que vas a enfrentarte. Nuestro deseo de ser abrazados y de sentirnos seguros nos anima a seguir adelante, esperando el día en que regresaremos al lugar de donde venimos. Pero el hogar que dejamos a lo mejor ya no es el mismo que recordamos. Nos preguntamos si alguna vez volveremos a sentir esa sensación de seguridad y de claridad que un hogar proporciona.

Siempre que nos sentimos curiosos, o cuando estamos inseguros, la fluorita morada nos recibe con los brazos abiertos. Nos envuelve con su energía hasta que el polvo se asienta y podemos ver el camino con claridad. Nos devuelve a nuestro cuerpo y aprendemos a honrar el modo en que nos sentimos y a respetar nuestros límites. Nos revela la verdad y diluye los espejismos que pueden entorpecer nuestro viaje.

Piensa qué partes de tu corazón han estado buscando respuestas. ¿Qué echas de menos? Deja que la fluorita morada te guíe de vuelta a ti mismo.

Encuentra lo que necesitas con la fluorita morada en:
• Silencio sereno (p. 238)
• Reiki (p. 182)

Explora la verdad con la datolita, p. 111
Encuentra tus cimientos con la turquesa, p. 46

Ágata lazo azul

CUALIDAD	Segura, sosegada, elocuente
CHAKRA	Garganta, plexo solar
FOCO	Expresar claramente tus sentimientos, honrar tus límites, responder desde la serenidad interior

La comunicación forma parte de la vida, es uno de los recursos claves de que disponemos para conectar con el mundo que nos rodea. Pero cuando los sentimientos que queremos compartir son profundos y complejos, a veces cuesta encontrar las palabras.

Cuando nos negamos a compartir nuestros pensamientos y sentimientos, perdemos la ocasión de conectar con la vulnerabilidad o hacer que se oigan nuestras necesidades o deseos. Como una ola suave, el ágata lazo azul mitiga el miedo de que lo que digamos sea rechazado o malinterpretado. Nos ayuda a mantener la calma y la confianza.

Respira hondo siempre que te cueste expresarte. Guarda la calma y observa cómo te guía el ágata lazo azul hacia las palabras que harán que tus sentimientos más profundos sean escuchados. Observa cómo surge la sensación de confianza de la elocuencia expresiva que esta piedra invoca. Piensa que cualquier cosa que tengas dentro y esté deseando salir encontrará la manera de aflorar a la superficie.

Descubre el poder calmante del ágata lazo azul en:
- Piedras en el cuerpo (p. 30)
- Yin yoga con cristales (p. 134)

¿Problemas de comunicación? Prueba la sérandita, p. 98
Cultiva la confianza con la pirita, p. 126

Perla

CUALIDAD	Englobadora, transformadora, mística
CHAKRA	Sacro, corazón
FOCO	Convertir los retos en cosas hermosas, proteger acogiendo con los brazos abiertos, encontrar soluciones

A diario nos enfrentamos a situaciones que nos irritan. Pequeños sucesos que crispan, frenan o alteran nuestro flujo. Desviados de nuestro curso, es fácil que acabemos atrapados en nuestros sentimientos sobre lo que nos está pasando.

La primera reacción es desear que el malestar desaparezca. Pero ¿qué sucede si lo aceptamos con los brazos abiertos? ¿Qué ocurre si intentamos trabajar con la frustración? El acto de reconocer y reflexionar tiene el potencial de transformar aquello a la que nos resistimos, poco a poco. La perla representa el poder de aceptar aquello que se ha inmiscuido en la experiencia de uno sin ser invitado. Muestra lo que puede ocurrir cuando reaccionamos con amor y compasión frente al dolor. Aquello que nos irrita se convierte en una expresión de la belleza.

Es inevitable que algo acabe colándose en tu mundo y te cause sufrimiento. Suaviza tu reacción. Abórdalo lentamente con conciencia amorosa. Crea tu propia perla de sabiduría, que solo llega si dedicas tiempo a reconocer tu experiencia. Deja que tu esencia la transforme en algo hermoso. Como ocurre con lo que se cuela en la concha de la ostra, la molestia, lentamente y con el tiempo, se convierte en el testimonio de nuestra resiliencia y nuestra magia.

Canaliza la naturaleza envolvente de la perla en:
- Reiki (p. 182)
- Silencio sereno (p. 238)

Déjalo ir con la angelita, p. 236
Encuentra la paz con el ópalo rosa, p. 109

Ágata lazo azul

«Mis palabras
fluyen a través de
mí con plena
confianza.»

Perla

«Recibo todo lo que
la vida me brinda y lo
transformo en belleza.»

Sillimanita

«Aprecio el propósito
más profundo de la
vida. Cada pieza de
ella es significativa.»

Sillimanita

CUALIDAD	Eufórica, estimulante, apreciativa
CHAKRA	Todos
FOCO	Expandir la perspectiva, ver un propósito en todo, ir más allá del ser

Todas las cosas del universo tienen un propósito. Las distintas piezas no se perjudican entre sí y cada una de ellas desempeña un papel necesario y significativo. Sin embargo, tendemos a considerar que las piezas directamente relacionadas con las nuestras son más valiosas. Vemos la relación como un indicativo de su importancia, lo que dificulta la armonización.

¿Cómo vamos a comprender la complejidad del universo si no reconocemos aquello que nos afecta? La sillimanita estimula nuestra capacidad de asombro ante las conexiones superiores que hacen que todo se mueva, llenando los vacíos de nuestra conciencia. A medida que descubrimos las capas de la existencia desarrollamos una sensación de euforia, elevando lo mundano al nivel de lo divino.

Anímate a profundizar. ¿Estás bloqueando algo porque das por sentado que no tiene ninguna relación con tu existencia? La sillimanita te anima a recibir con los brazos abiertos la expresión energética más allá del ser. Nos muestra que incluso las gotas más pequeñas forman ondas expansivas.

Expande tu conciencia de la interconexión de la vida con la sillimanita en:
• Contemplación de las estrellas (p. 52)
• Silencio sereno (p. 238)

Abraza la euforia con la calcita naranja, p. 130
¡Más armonía, por favor! Recurre a la hiddenita, p. 72

Piedra luna arcoíris

Perceptiva, esperanzada, intrépida	**CUALIDAD**
Todos	**CHAKRA**
Navegar por la vida con amplitud de miras, aprovechar las oportunidades, transiciones	**FOCO**

La vida es un conjunto interminable de puertas que están ahí para que las abramos. Hace falta valor para hacerlo, y no digamos para cruzarlas. ¿Cuántas veces vemos una puerta y nuestras dudas acerca de lo que puede haber tras ella hacen que ni siquiera lleguemos a tocar el pomo?

La piedra luna arcoíris nos proporciona la confianza para superar esos momentos de duda. Nos muestra que tras una puerta siempre hay otra puerta. Si lo que encontramos no nos gusta, podemos seguir adelante.

¿Has perdido la capacidad de abrazar las posibilidades que te ofrece la vida? ¿O te está costando desprenderte del pasado? Respira hondo y ve en busca de otra puerta. Disfruta de la energía empoderadora de la piedra luna arcoíris, que cambia tu percepción por otra llena de esperanza y excitación. No tengas miedo de lo que te espera y líbrate de las cosas que te atan al pasado. Arriésgate a descubrir el misterio maravilloso que se esconde tras la puerta que decidas abrir, sea cual sea.

Explora las puertas de la posibilidad con la piedra luna arcoíris en:
• Meditación para conectar con la luz divina (p. 157)
• Meditación caminando (p. 30)

AGUA

Piedra luna arcoíris

«Abrazo cada momento con amplitud de miras. No dudo en vivir la vida plenamente.»

Aprovecha la oportunidad con la rodonita, p. 93

¿Miedo a seguir adelante? Pásate a la piedra de Sol, p. 129

171

Fluorita azul

CUALIDAD	Veraz, relajante, purificadora
CHAKRA	Garganta, tercer ojo, corona
FOCO	Abordar el miedo, expresarte abiertamente, purificar la mente

Nos da miedo vivir honestamente. Nos asusta que la verdad nos hiera, que nos lleve a rechazar o ser rechazados. Y eso hace que la sensación de conexión entre las personas se diluya. Aparece la ansiedad, que distorsiona nuestras acciones y nuestra percepción. ¿Qué sentido tiene la vida si no la vivimos plenamente?

Siempre que nos atenace el miedo, la fluorita azul se encarga de limpiar nuestra expresión, purificándola con paz y amor para sanar el alma. Recuperada la calma energética, podemos estar presentes y mostrarnos vulnerables. Nuestra intuición aumenta con su apoyo, lo que nos ayuda a captar los matices de nuestras experiencias, de modo que podemos verlas como lo que son, y no como la versión que crea nuestro miedo.

Aborda directamente tu miedo. ¿Dónde ha alterado tu habilidad para conectar y vivir con plenitud? ¿Ha influido en tu capacidad de comunicarte abiertamente y con honestidad? Con la ayuda de la fluorita azul, reclama tu poder para despejar el aura, potenciando tu habilidad para comunicarte desde el corazón.

Elimina el miedo del aura con la fluorita azul en:
- Meditación del aura (p. 213)
- Meditación acuática (p. 182)

Inspírate mediante el miedo con el cuarzo tangerina, p. 129
Relájate profundamente con la piedra de río, p. 41

Wavellita

CUALIDAD	Fluida, rejuvenecedora, equilibrante
CHAKRA	Sacro, corazón
FOCO	Explorar tus emociones más profundas, despejar la mente, encontrar el estado neutro

Las emociones reflejan nuestras reacciones ante el mundo y las experiencias. Los sentimientos se convierten en sinónimo de nuestro estado actual. Es relativamente fácil perderse en los propios sentimientos cuando ocupan en exceso nuestro espacio mental. Los estímulos emocionales constantes pueden resultar agotadores y difíciles de gestionar.

Siempre que nos estemos quedando atrapados, la wavellita nos ayuda a encontrar el equilibrio a través del movimiento de nuestras emociones. Rejuvenece nuestra energía, devolviéndonos al flujo de nuestro estado natural y neutro. Aprendemos a sentir nuestras emociones y a absorber su sabiduría, pero sin que permanezcan de forma indefinida, de modo que experimentamos una mayor liberación y una clara sensación de libertad.

Explora tus sentimientos de la última semana. ¿A qué emociones de las que sentiste sigues aferrado? La wavellita nos enseña que somos más que nuestras emociones. Dejamos de sentir la presión y el agobio, ya que aprendemos a aceptar que nuestros sentimientos no son más que manifestaciones pasajeras, no tenemos por qué aferrarnos a ellos.

Mantén tus emociones equilibradas y fluidas con la wavellita en:
- Escritura sensitiva (p. 212)
- Yin yoga con cristales (p. 134)

¿Te cuesta liberarte? Prueba la shattuckita, p. 112
Despeja la mente con la ametrina, p. 235

Fluorita azul

«Inspiro amor y el miedo desaparece.»

Wavellita

«Las emociones no me definen, Dejo que mis sentimientos sigan su camino.»

Crisocola

«Uso mis palabras para
mejorar y empoderar
la conversación
con amor.»

Piedra coral

«Filtro mis inspiraciones
a través del corazón para
saber cuáles debo seguir.»

Crisocola

La comunicación es clave para conectar entre nosotros y es un aspecto importante en la construcción de la comunidad. Pero sentimos una extraña atracción por conectar a través de la expresión basada en el miedo, que se usa para cambiar la perspectiva del otro. Nos perdemos en críticas, quejas y comparaciones, o usamos la expresión para fortalecernos destruyendo a otro.

No solo importan las palabras que usamos, sino cómo las usamos. Cuando nos comunicamos a partir del miedo, la crisocola nos ayuda a realinear nuestra vibración con el corazón. Nos permite usar nuestra voz para hablar con vulnerabilidad y amabilidad, a los demás y a nosotros mismos, fortaleciendo nuestra sensación de valía personal y la de nuestra comunidad.

¿Has caído en la espiral de la comunicación basada en el miedo? ¿O quizá has estado con

Empoderada, social, orientadora	CUALIDAD
Corazón, garganta, plexo solar	CHAKRA
Comunicación centrada en el corazón, construir comunidad, librarse del miedo	FOCO

gente que siente desasosiego? La crisocola refuerza la idea de que, si hablamos con amor, el miedo no tendrá cabida en la conversación.

Fomenta una conexión más profunda a través de tu comunidad con la crisocola en:
• Meditación tomados de la mano (p. 157)
• Notas de amor (p. 78)

Expande tu vocabulario con el diamante herkimer, p. 216
Aléjate del miedo con la mesolita, p. 210

Piedra coral

Nuestra vida encarna el flujo de energía que se mueve en respuesta a los estímulos del entorno. Se desarrolla y se expande lentamente al ritmo de la imaginación. Cuanto más se nutre nuestro flujo creativo, mayores son los sueños y más posibilidades hay de que se materialicen.

Nos corresponde a nosotros explorar nuestras inspiraciones y crear la oportunidad para que se hagan realidad. Podemos determinar qué inspiraciones están alineadas. No todas las ideas tienen que convertirse en algo. La piedra coral encarna esta cualidad de discernimiento, demostrando la importancia de filtrarlo todo a través de nuestra aura para una rápida evaluación.

Anota todas las ideas que se arremolinan en tu cabeza. Una por una. Fíltralas a través de tu aura para ver cuáles te parecen alineadas. ¿Cuántas quedan? La piedra coral nos enseña que no

Exigente, imaginativa, simbiótica	CUALIDAD
Raíz, corazón, tercer ojo	CHAKRA
Alimentar los sueños para que se hagan realidad, tomar decisiones desde un estado energético alineado	FOCO

tenemos por qué seguir todas las inspiraciones, sino solo aquellas que realmente resuenen en nuestro interior.

Usa la piedra coral para que tu imaginación siga fluyendo en:
• Baño ritual (p. 182)
• Escribe un diario

¿Necesitas inspiración? Pásate a la serpentina, p. 136
Alinea tu energía con el cuarzo ahumado, p. 54

Cuarzo rosa

CUALIDAD	Reconfortante, nutridora, apacible
CHAKRA	Corazón
FOCO	Regresar al amor, relajar la mirada crítica, vernos con compasión

En un mundo en el que todo se compara siempre, experimentamos sentimientos de insignificancia e imperfección. Nuestra mente, dura e inflexible, no dispone de espacio para aceptarnos tal como somos. Enseguida surge la mirada crítica para evaluar nuestra valía y perdemos la capacidad de vernos con claridad, lo que impide una valoración más profunda y compasiva.

Siempre parece haber algo malo que debemos cambiar para poder ser amados. El cuarzo rosa suaviza nuestra percepción, ayudándonos a incorporar más dulzura a nuestra expresión. Vemos dónde hemos sido demasiado duros con nosotros y con los demás. Aprendemos a recibir y a dejarnos nutrir por la energía del amor puro.

Consuela las partes doloridas de tu alma. ¿Dónde te has impedido ver quién eres con ojos colmados de amor? Recuerda que el amor es una vibración infinita e incondicional. ¿Puedes abrir tu corazón y permitirte sentirte aceptado? El cuarzo rosa se cuela por debajo de los sentimientos superficiales y llega a lo más profundo del corazón, haciendo que el amor fluya hacia dentro y hacia fuera, nutriéndonos por completo. Siempre que nuestra visión se tensa a causa del miedo, el cuarzo rosa nos ayuda a liberar la tensión y a regresar al amor.

Encuentra el camino de vuelta a la vibración amorosa con el cuarzo rosa en:
- Notas de amor (p. 78)
- Reiki (p. 182)
- Circulación del corazón (p. 31)

Deja de juzgar con la calcita mangano rosa, p. 85
Expande el corazón con la morganita, p. 228

Zafiro

CUALIDAD	Profética, esperanzadora, perspicaz
CHAKRA	Garganta, tercer ojo
FOCO	Meditación orientada, calmar los efectos de los estímulos externos, recibir y emplear constantemente la intuición

Debemos mantener nuestra energía consciente y receptiva para poder recibir orientación de lo divino. La intuición es un don mágico del reino energético, que recibimos cuando nos paramos a reflexionar. La quietud hace que el polvo se asiente y nos permite ver con mayor claridad cualquier cosa que se presente en nuestra vida.

Quizá nos parezca necesario estar en total silencio y lejos de cualquier estímulo externo, pero en realidad la alineación de energía integrada con la cháchara del mundo puede hacer que la intuición salga a la superficie. El zafiro es la esencia que nos ayuda a regresar, silenciando el ruido exterior lo suficiente para que podamos conectar esas fuerzas en busca de iluminación.

Haz una pausa y medita. ¿Dónde pierde el norte tu mente a causa de interferencias externas? ¿Puedes aprovechar el espacio mental para el desarrollo espiritual? Cultiva la energía que hace que la intuición encuentre su camino a través del aura. Deja que el zafiro refuerce tu mente con su vibración centrada.

El zafiro hace que tengas la mente abierta y despejada para la meditación. Úsalo en:
- Siesta mineral (p. 182)
- Silencio sereno (p. 238)

Deja que la meditación fluya con el jaspe océano, p. 167
Alinea tu energía con la brookita, p. 66

Cuarzo rosa
«El amor fluye
sin cesar por mi
interior y a
mi alrededor.»

Zafiro
«Cultivo la quietud
para que me llegue
la intuición.»

Hemimorfita

«Estoy listo para dejar
atrás el pasado y
abrazar mi evolución
espiritual.»

Hemimorfita

Cambiante, alegre, empática	**CUALIDAD**
Garganta, tercer ojo	**CHAKRA**
Aumentar la empatía, desarrollar la inteligencia emocional, facilitar el crecimiento espiritual	**FOCO**

Nuestro centro sacro atesora la sabiduría de nuestra experiencia vivida, lo que nos ayuda a desarrollar empatía y una inteligencia emocional más profunda. Este conocimiento nos empodera y nos permite dejarnos ir y abrazar nuestra evolución espiritual, integrando la sabiduría para que podamos crecer a partir de ella.

Sacar la memoria emocional encerrada en nuestro cuerpo puede ser extraordinariamente activador, pero justo estos desafíos son los que crean dinámicamente la fuerza necesaria para que nuestra empatía se desarrolle. Los cambios de temperatura o presión que producen el efecto piezoeléctrico en la hemimorfita nos muestran el poder que recibimos al experimentar dichas experiencias. El campo energético que se crea durante el proceso revitaliza nuestra energía e inspira un poderoso entusiasmo que sustenta directamente nuestra ascensión espiritual.

Observa dónde reside tu mayor empatía. Recuerda las situaciones que te permiten tener esa compasión y esa conciencia emocional. ¿Puedes aplicar el mismo proceso a tus otras experiencias, expandiendo el alcance de tu inteligencia emocional? Bajo la orientación de la hemimorfita, podemos abrazar la expansión de nuestra empatía, aumentando nuestra capacidad de sentir alegría de forma exponencial, ya que compartimos el mensaje de que no tenemos que soportar la pesada carga nosotros solos.

Canaliza la energía vigorizante de la hemimorfita para expandir tu empatía en:
- Meditación tomados de la mano (p. 157)
- Práctica de gratitud (p. 78)

AGUA

Abraza tus emociones con el aguamarina, p. 160
Explora la comunidad con la jadeíta, p. 61

Topacio azul

CUALIDAD | Veraz, alineada, sintonizada
CHAKRA | Garganta, corazón, corona
FOCO | Canalizar la sabiduría interior, mantener la honestidad, regular la intención energética

Hay una diferencia entre el deseo físico y el energético. El primero nos mantiene atrapados en el apego, necesitamos más para sentirnos completos. El segundo es un estado del ser que podemos cultivar. Cuando nos centramos en la energía, podemos ser honestos con nosotros mismos y mantener las intenciones alineadas.

Discernir las expresiones más profundas de lo que deseamos es todo un reto. La representación física puede influir fácilmente en nuestra visión y podemos olvidar las energías superiores que están en juego. El topacio azul nos sintoniza con nuestra verdad, ayudándonos a canalizar la sabiduría interior que nos guiará hacia las oportunidades que están alineadas y sustentan nuestros sueños.

Evalúa tus deseos. ¿Están atrapados en el reino físico? Intenta deslizarte bajo la superficie para descubrir sus raíces energéticas. ¿Qué energías representan para ti estos deseos físicos? El topacio azul puede guiarte hacia las verdaderas intenciones de tus deseos, haciendo posible que expandas las posibilidades de que se manifiesten.

Asegura el foco energético tras tu deseo con el topacio azul en:
• Ritual del deseo (p. 79)
• Lectura de los cristales (p. 212)

¿Satisfecho? Encuentra tu camino con la alejandrita, p. 241
Para manifestar la energía recurre al citrino, p. 115

Anhidrita

CUALIDAD | Tranquila, liberadora, resiliente
CHAKRA | Sacro, garganta, tercer ojo
FOCO | Navegar por las transiciones, transformación a través de la pérdida, abrazar la fluidez

Todo parece ir sobre ruedas y, de repente, la vida te sorprende, te desorienta, y la pérdida o el cambio te dejan sin respiración. Puede que sientas que no puedes seguir adelante o que no entiendes un mundo distinto al que conocías.

Siempre que pasamos por una transición extrema y perdemos la sensación de tranquilidad que nos permite responder con una mente lúcida, la anhidrita aparece para ofrecernos su apoyo. Hubo un momento en que este mineral fue yeso, pero cuando perdió toda el agua, se transformó. Vemos a través de la propia experiencia de la anhidrita que, incluso cuando perdemos algo esencial para nuestra identidad, nuestra esencia permanece. Si vamos un poco más allá, descubrimos que puede volver a convertirse en yeso si recupera el agua. La lección que aprendemos es que debemos mantener una expresión fluida que pueda ajustarse y sobrevivir independientemente de la situación.

Reflexiona sobre tu identidad. ¿Qué aspectos de la persona que eres te parecen frágiles y dependientes de cualquier cosa menos de ti? La anhidrita nos recuerda que podemos cambiar nuestra expresión si lo exigen las circunstancias, pero que nuestra esencia siempre permanecerá.

Siempre que temas perderte, abraza una identidad fluida con la anhidrita. Respalda:
• Contemplación en el espejo (p. 79)
• Meditación acuática (p. 182)

Déjate fluir con el jaspe océano, p. 167
Alimenta la transformación energética con la tectita, p. 246

Topacio azul

«Veo amor profundo allí
donde hay verdad.»

Anhidrita

«Yo soy, yo soy, yo
soy y siempre seré.»

Rejuvenecer con piedras

Como seres energéticos que somos, retenemos muchas cosas en nuestro interior y a menudo necesitamos descomprimirnos y recalibrarnos. Las prácticas siguientes nos nutren porque nos dan el espacio y el tiempo para que el cuerpo se relaje, nuestra mente se calme y el alma experimente amor.

Siesta mineral

Con sus cualidades enraizantes inherentes, los cristales son elementos reparadores naturales. Siempre que te sientas abrumado, saturado o confundido, dedica 30 minutos del día a recargarte con esta reconfortante práctica. Túmbate con un cristal sobre el corazón, bajo la almohada o en la mano, y ponte a dormitar.

Baño ritual

Crea tu baño ritual combinando cristales que puedan meterse en el agua, aceites esenciales, plantas y sales. Llena la bañera de agua caliente y métalo todo. Espera unos minutos para que los elementos se integren y sumérgete en el agua. Relájate. Si quieres una experiencia más intensa, recita algún mantra o haz una sencilla meditación basada en la respiración. Para darte un baño increíblemente poderoso, prueba con una taza de sales de Epsom, un trozo de turmalina negra, ocho gotas de aceite de romero y unas ramitas de albahaca fresca, y combínalos con una meditación en silencio.

Reiki

Igual que la respiración, el reiki es una fuerza vital que está en nuestro interior y a nuestro alrededor. El reiki nos transmite la energía como expresión de amor y nos permite sentir las conexiones entre todas las cosas. Una de las formas que existen para devolver la conciencia de esta vibración al cuerpo, la mente y el alma es poner las manos en o alrededor del cuerpo.

Siente ahora esta energía. Cierra los ojos y coloca una mano sobre tu corazón. Mientras respiras, observa lo que sientes en tu interior. Potencia esta práctica incorporando cristales. Sigue las directrices de «Piedras en el cuerpo» (p. 30). Coloca tu mano sobre cada una de las piedras durante unos minutos.

Meditación acuática

Energéticamente, el agua es una vibración relajante, purificadora y rejuvenecedora. Podemos abrazar estas cualidades siempre que nos demos un baño o una ducha, estemos cerca de una masa de agua, nos hidratemos o nos encontremos bajo la lluvia. Empieza fijando tu mirada en la energía serena del agua, dejando que su movimiento infunda paz y calma dentro de tu aura. Visualiza la esencia del agua fluyendo dentro de ti o a tu alrededor, eliminando todo aquello de lo que debes deshacerte. Emerge de ese momento relajado y renovado. Incorpora un cristal a la práctica para una dosis adicional de intención espiritual.

En sentido horario desde arriba: perla p. 168, **piedra girasol** p. 165,
cuarzo espíritu p. 225, **ágata piel de serpiente** p. 122, **piedra coral** p. 175,
larimar p. 162, **ópalo rosa** p. 109, **amatista** p. 207, **piedra coral** p. 175,
celestita p. 209, **danburita** p. 205, **cuarzo rosa** (centro) p. 176

Turmalina azul

CUALIDAD | Limpiadora, relajante, fluida
CHAKRA | Corazón, tercer ojo, sacro
FOCO | Abrazar tus emociones, alinear el cuerpo energético, descubrir la raíz de los sentimientos

Las lágrimas suelen asociarse con la pena, pero en realidad indican la cima de la emoción. Limpian, calman y mueven la energía interior, poniéndonos en contacto con la raíz de nuestros sentimientos. Pero vivimos en un mundo en el que llorar suele ser tabú. Por eso los sentimientos más íntimos son una incógnita hasta para nosotros mismos.

¿Cómo podemos recuperar las emociones? ¿Qué podemos hacer para conocerlas bien y dejarlas ir? Cuando nos hemos disociado de nuestras emociones y necesitamos encontrar la manera de volver a sentir profundamente, la turmalina azul puede ser una ayuda poderosa. Su energía es como un mar que se mece suavemente, arrullándonos y dándonos una sensación de sincronía entre cuerpo, mente y alma. Descubrimos que todas las emociones son hermosas y profundas, no hay unas que sean mejores o peores. Una vez que estamos energéticamente alineados, recordamos el poder de expresar nuestras emociones sinceramente y con vulnerabilidad, y apreciamos cada una de ellas por lo que revela.

Cierra los ojos y respira profundamente. ¿Notas tensión o pesadez en tu aura? Date permiso para llorar, para liberar lo que ocupe tu espacio interior, sin olvidar que las emociones deben permanecer fluidas para no estancarse. Abraza la vibración relajante de la turmalina azul para permitirte encontrar las lágrimas que liberarán tu energía.

Explora las profundidades de tus sentimientos siempre que sientas que tu energía se tensa. Deja que la turmalina azul te sustente en:

• Equilibrio de los chakras (p. 156)

• Yin yoga con cristales (p. 134)

Mantén el sentimiento con el basalto, p. 124

Aprende a dejarte ir con el cuarzo tangerina, p. 129

Halita rosa

Purificadora, tierna, liberadora	CUALIDAD
Corazón	CHAKRA
Reorientar tu energía, crear espacio para sentir, ver la belleza oculta	FOCO

Los pensamientos a veces entran en una espiral descontrolada. Crecen de forma exponencial en la mente y se apoderan de la conciencia del corazón. Este estado de confusión nos vuelve recelosos y nos pone en guardia, y no podemos ver el amor y la belleza que nos rodean.

Quedar atrapado en esta vorágine energética puede ser muy inquietante. Las extremidades nos tiemblan, pero no son capaces de alejarnos del miedo y el caos para llevarnos hasta un lugar donde reine la calma y la sensación de seguridad. La halita rosa purifica la mente, sacándonos de la espiral y devolviéndonos al suave fluir que ablanda las defensas que hemos usado para protegernos. Liberados y reorientados, volvemos a sentir.

¿Se ha apropiado tu mente de tus sentimientos? Y si es así, ¿estás en un estado de conciencia en el que te sientes fuera de control? La halita rosa nos devuelve a un estado de fluidez. Reconectamos con el centro de nuestro corazón, que nos ofrece una clara orientación y hace que la ternura potencie nuestra fortaleza.

Reorienta la mente para sentir plenamente y ver la belleza con la halita rosa en:
• Silencio sereno (p. 238)
• Circulación del corazón (p. 31)

Relaja la mente con la howlita, p. 220
Lleva tu fluidez a otro nivel con el jade azul, p. 75

Cianita azul

Compasiva, comunicativa, conectora	CUALIDAD
Garganta, corazón	CHAKRA
Fortalecer las relaciones, expresión vulnerable, comprender la dinámica de la verdad	FOCO

Solemos olvidar que la comunicación es un proceso recíproco: debemos escuchar tanto como hablamos. Cuando nos centramos en nuestra parte de la conversación, nos perdemos lo que se ha compartido y nos obcecamos en tener la razón, lo que disminuye nuestra capacidad de conectar con los demás de forma afectuosa.

Si queremos tener relaciones realmente sólidas basadas en la comprensión y el respeto mutuos debemos honrar la expresión de los demás. La cianita azul nos muestra el poder de la comunicación compasiva y nos ayuda a encontrar las palabras para compartir nuestra verdad y recibir la del otro con amor y amplitud de miras.

Recuerda las conversaciones que han llevado a interacciones difíciles. ¿Estabas pensando en lo que ibas a decir a continuación? ¿Estabas centrado en defender la validez de tu verdad sobre la del otro? La cianita azul nos enseña a forjar conexiones a través de la vulnerabilidad y la compasión.

Fortalece tus habilidades comunicativas con la cianita azul. Deja que te sustente en:
• Meditación tomados de la mano (p. 157)
• Notas de amor (p. 78)

Expande tu corazón con el heliodoro, p. 146
Descubre tu verdad con la ajoíta, p. 83

Imágenes en pp. 186-187

Mármol

«Las posibilidades
son infinitas. Puedo
escoger aquello que
esté alineado y seguir
adelante con
confianza.»

Halita rosa

«Mi corazón me
guía incluso en las
situaciones más
inquietantes.»

Mármol

Inspiradora, transformadora, soñadora	CUALIDAD
Tercer ojo, sacro, plexo solar	CHAKRA
Revelar el potencial oculto, deshacerse del miedo sobre lo que podría ser, manifestar las ideas en la realidad	FOCO

Cianita azul

«Si nos comunicamos desde el corazón, podemos oír la verdad con claridad.»

AGUA

Cuando soñamos, no hace falta que los detalles y el proceso sean claros. Nuestra mente puede explorar y experimentar libremente. La presión surge cuando queremos trasladar la visión a la realidad. De repente, los detalles no tienen sentido y el camino se difumina. Paralizados por la incertidumbre, no seguimos adelante con el fin de llevar el sueño al siguiente nivel.

Siempre que nos encontramos pensando a la deriva, incapaces de dar el primer paso, es bueno volver a vivir el sueño. El mármol nos ayuda a ver más allá de la superficie. Nos muestra las posibilidades ilimitadas que pueden surgir de cualquier situación, permitiéndonos, como en el caso de los escultores del Renacimiento, reconocer el potencial que se esconde en su interior. La verdadera belleza surge cuando empezamos a tallar con valentía para que nuestras visiones cobren vida.

¿A qué sueños y metas tenías miedo porque los detalles no estaban completamente claros? Apuesta por lo que podría ser. Canaliza la visión audaz del mármol hacia tu vida. Encuentra inspiración y motivación en la materia prima, dejando que el resto tome forma más adelante.

Inspírate en el mármol y manifiesta tus sueños en la realidad en:
- Red de creatividad (p. 106)
- Silencio sereno (p. 238)

Turmalina azul

«Mis emociones fluyen libremente. Recibo su sabiduría y dejo que sigan adelante.»

Aumenta tu audacia con la piedra de azufre, p. 130
¿No sabes qué hacer a continuación? Prueba la quiastolita, p. 62

Piedra de los deseos

CUALIDAD	Alegre, abundante, maravillosa
CHAKRA	Corazón
FOCO	Pasar de la escasez a la abundancia, fomentar la paciencia para que tus sueños puedan materializarse

Hay momentos en los que el corazón desea algo tan grande y maravilloso que duele. Nuestros sueños se inundan de imágenes de cómo será cuando llegue. La alegría es real. Entonces nos despertamos y la manifestación de nuestros deseos parece tan lejana que nos preguntamos si llegará a hacerse realidad algún día.

Cuando nos centramos en la carencia que estamos experimentando, nos cuesta reconocer la verdadera abundancia de la vida. Si abrimos bien los ojos, miremos donde miremos, veremos infinitas oportunidades que están ahí para que las disfrutemos. La piedra de los deseos nos recuerda que la magia siempre está presente. Sus llamativas franjas blancas de cuarzo nos muestran que la energía del universo es capaz de crear ese tipo de anomalías perfectas en la naturaleza.

Dedica tiempo a explorar la vida al aire libre. Deja que cada bocanada de aire fresco reformule tus pensamientos y te ayude a ver todas las manifestaciones de abundancia del universo. Canaliza esa energía hacia tu piedra de los deseos para fijar la intención y mantén el corazón abierto a fin de que tu deseo pueda materializarse.

Abraza la admiración de la piedra de los deseos en:

- Ritual del deseo (p. 79)
- Práctica de gratitud (p. 78)

Piedra de los deseos

«Pido un deseo y lo libero al universo para que se manifieste.»

¿Necesitas inspiración? Prueba la selenita naranja, p. 33
¿Sientes envidia? Ábrete a la esmeralda, p. 65

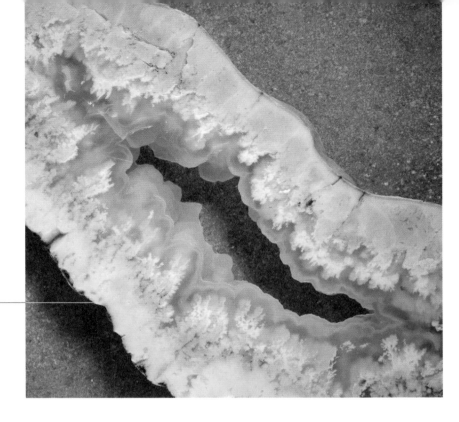

Ágata blanca

«Respiro hondo y
cada célula de mi
ser siente la paz.»

Ágata blanca

Relajante, liberadora, leal	CUALIDAD
Raíz, sacro, corazón, corona	CHAKRA
Despejar la preocupación y el enfado, alejarse del trauma, armonizar tu energía	FOCO

La preocupación y el enfado son dos de los sentimientos que más nos atormentan. Atrapados en el miedo, nuestro sistema nervioso siempre está en guardia.

El ágata blanca es un armonizador que equilibra y enraíza nuestro cuerpo físico y nuestro cuerpo energético. Como una nana para el alma, su energía etérea mitiga la ansiedad y la ira, de manera que podemos sentirnos completamente recuperados. Todos los aspectos de nuestra esencia tienen lugar en su vibración. Nuestra energía empieza a confiar de nuevo y se libera de los relatos del trauma que nos han mantenido asustados durante tanto tiempo.

¿Has estado nervioso últimamente, mirando siempre por encima del hombro o esperando lo peor? Posiblemente, estás listo para realizar un cambio de energía y de perspectiva. El ágata blanca crea un entorno sereno. Relájate en él y deshazte de esas historias que han estado haciendo que temieras el futuro.

Sosiega tu alma con el ágata blanca en:
- Reiki (p. 182)
- Piedras en el cuerpo (p. 30)

Canaliza la ira hacia la creatividad con el cinabrio, p. 136

¿Sentimientos difíciles? Profundiza con el jaspe piel de leopardo, p. 149

189

Cobre

«Mi alma está llena
de propósito y vida,
me siento vibrante
y vivo.»

Tanzanita

«Me abro al plan
divino y me entrego
al universo.»

Cobre

Energizante, viva, conectiva | **CUALIDAD**
Raíz, sacro, plexo solar, corazón | **CHAKRA**
Estimular nuestra energía, reavivar el entusiasmo, recordar la sensación de estar vivo | **FOCO**

Estamos ahí, pero ni nos sentimos vivos ni lo parecemos. Nuestro entusiasmo brilla por su ausencia y nuestra mente cae en un estado de adormecimiento. No hay conexión entre mente, cuerpo y alma. Nos limitamos a movernos con desgana como si hubieran apagado nuestro espíritu interior y no fuéramos capaces de encontrar el enchufe para volver a encenderlo.

A veces simplemente necesitamos una chispa que nos vuelva a poner en marcha, algo que nos recuerde dónde estamos y le dé un propósito a nuestra energía. El cobre puede darnos la sacudida perfecta para despertarnos y hacer que pasemos a la acción, estimulando nuestro circuito energético interno. Nos da fuerza para empezar, motivación para continuar y habilidad para cambiar de dirección si lo que estamos haciendo ya no nos llena. ¡Nos recuerda que estamos vivos!

Si ves que te mueves sin propósito o presencia, o que no puedes reunir la energía para cuidar o hacer, recurre al cobre para que reactive tu energía.

Estimula tu alma y reaviva tu entusiasmo por la vida con el cobre en:
• Trabajo de respiración (p. 156)
• Meditación en busca de la luz divina (p. 157)

———————————

¿Sientes la electricidad? Prueba el granate espesartina, p. 141
Explora tu adormecimiento con el ópalo de fuego, p. 116

Tanzanita

Transformadora, reflexiva, expansiva | **CUALIDAD**
Sacro, tercer ojo, corona | **CHAKRA**
Entregarse al universo, descubrir tus valores, crear espacio para la innovación | **FOCO**

Invertimos energía en forzar nuestro camino en la vida, desarrollando hábitos que nos frenan. La repetición sobrecarga cuerpo y mente, dejando poco espacio al crecimiento reflexivo. Nos alejamos de la intuición, lo que crea disonancia entre nuestras esencias física y espiritual.

El momento en el que todo lo que intentamos deja de funcionar puede resultar desalentador. La tanzanita impulsa una reflexión más profunda sobre nuestra intención e indaga sobre dónde hemos perdido la alineación con nuestros valores. Nos ayuda a deshacer las pautas habituales que ya no nos sustentan, para que podamos dejar atrás nuestros hábitos con gracia y facilidad.

¿Has chocado contra un muro y no ves cómo escapar? ¿Sigues probando lo de siempre? Si es así, ha llegado el momento de innovar un poco. La tanzanita nos anima a entregar nuestra voluntad al universo. Cuanta más transformación energética permitamos, mayor será el espacio para que el plan divino se ponga en marcha.

Ábrete a la orientación del universo con la tanzanita en:
• Meditación en busca de la luz divina (p. 157)
• Meditación del canal dorado (p. 238)

———————————

Desarrolla una mayor confianza con la esteatita, p. 110
Sé más claro sobre tus valores con el ónix, p. 45

Calcita azul

CUALIDAD	Enriquecedora, equilibrante, reposada
CHAKRA	Raíz, sacro, corazón, garganta
FOCO	Comprender las necesidades de nuestra energía, reformular la urgencia, dedicar tiempo a uno mismo

Siempre queda algo por hacer. Mandar un correo o terminar un proyecto. Nos presionamos hasta el límite. Y al día siguiente volvemos a hacerlo, sin darnos un minuto de descanso. ¿Cómo vamos a sentirnos centrados y equilibrados si no paramos nunca, si siempre estamos haciendo algo, y nunca cuidamos de nosotros conscientemente?

Cuando eludimos escuchar las tiernas peticiones de nuestra energía, entra en acción la calcita azul. Hace que bajemos el ritmo para poder comprender mejor los efectos que tiene la acción constante y para evaluar si lo que estamos haciendo es realmente urgente o no. Las respuestas nos ayudan a devolver el equilibrio a la mente, el cuerpo y el alma.

El cuerpo puede soportar bastante desgaste y estrés, hasta que sucumbe. ¿Por qué esperar a ese momento para nutrirte? La calcita azul interpreta las necesidades de tu cuerpo, guiándote hacia el tipo de cuidados que más te rejuvenecen. Cuidarte es un acto de amor extremo y te lo mereces.

Presta atención a las necesidades de tu cuerpo y aprende a nutrirlo de la mejor manera posible con la calcita azul en:
• Baño ritual (p. 182)
• Siesta mineral (p. 182)

Apóyate en el autocuidado con la amatista, p. 207
¿Te cuesta bajar el ritmo? Prueba la sugilita, p. 196

Iolita

CUALIDAD	Esperanzadora, responsable, boyante
CHAKRA	Raíz, corazón, corona
FOCO	Conciencia del yo interior, cultivar la quietud, participar activamente en la vida

Mientras haya esperanza, todo es posible. La esperanza es una energía poderosa que nos permite mantener la estabilidad a pesar de las dificultades. Tiene la capacidad de impulsar ideas y personas, incluso en las circunstancias menos favorables. Nos basta un atisbo de esperanza para tener fe en nosotros mismos. Pero a veces no es fácil. Y todavía cuesta más mantenerla si olvidamos cómo cultivarla.

La iolita es la semilla de la esperanza en forma de cristal. Nos alecciona sobre la responsabilidad que conlleva la esperanza y nos recuerda que debemos participar activamente para que nos mantenga con el ánimo levantado. La iolita, que nos guía hacia un lugar de quietud donde podemos ser conscientes de nuestro yo más íntimo, nos ayuda a aceptar la responsabilidad y a reconocer la verdad, para que nuestra habilidad para seguir esperanzados tenga poder duradero.

Siempre que la esperanza disminuya o sientas la necesidad de abandonar, invoca la iolita para que te ayude a recuperar tu actitud esperanzada. Canaliza su vibración hacia cualquier ámbito de la vida que pueda usar la estabilidad de la esperanza, y deja que su apoyo entusiasta te ayude a superar los momentos difíciles. La energía sosegada de la iolita fortalecerá tu determinación y estimulará la acción consciente.

Encuentra el sosiego con la iolita en:
• Trabajo de respiración (p. 156)
• Silencio sereno (p. 238)

¿Perspectiva sombría? Prueba la turmalina negra, p. 63
Sé una inspiración para los demás con la benitoíta, p. 200

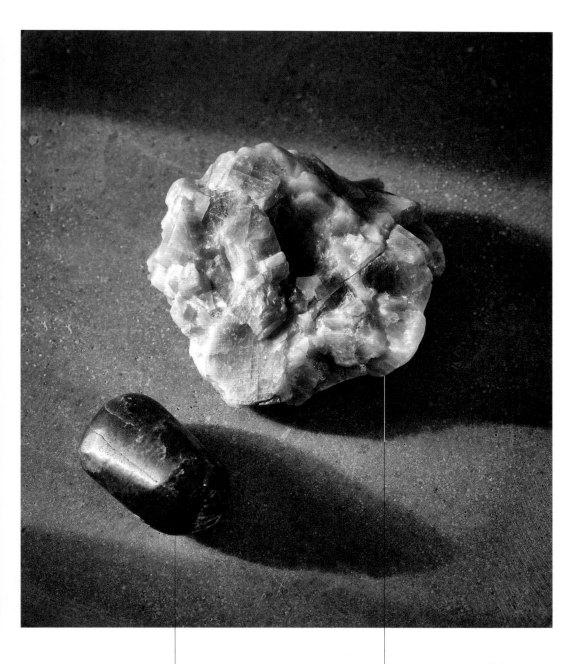

Calcita azul

«Presto atención
a mi cuerpo y lo
nutro con amor.»

Iolita

«La esperanza es la luz que
alumbra mi corazón. Me
hace seguir adelante incluso
cuando la vida se complica.»

Piedra lunar negra

«Las profundidades de
mi alma desprenden
infinita sabiduría.»

Smithsonita

«Con cada
respiración, mi
energía se alinea
con el corazón.»

Smithsonita

Equilibrante, amorosa, transformadora	CUALIDAD
Todos	CHAKRA
Centrar la energía, reparar los desequilibrios, ponernos de nuevo en contacto con nuestro yo auténtico	FOCO

Los chakras del cuerpo funcionan mejor cuando están completamente alineados. Cuando están desequilibrados, nuestro flujo energético puede interrumpirse y estancarse. Basta con que uno de ellos esté desalineado para que todos queden afectados. Esa falta de alineación se manifiesta en forma de enfermedad física, confusión mental, inestabilidad emocional y desconexión espiritual.

Para que nuestra energía vuelva a alinearse debemos explorar las raíces más profundas de los desequilibrios existentes. La smithsonita dirige esta exploración mostrándonos las zonas afectadas y sanándolas con su bondad amorosa.

¿Notas algún desequilibrio en tu energía? Aprovecha esta oportunidad para abrazar la vibración sustentadora de la smithsonita y realinear tus chakras. Observa la profunda transformación que se produce cuando todo vuelve a estar centrado y tú irradias tu yo auténtico puro.

Cultiva tu expresión más radiante con la smithsonita en:
• Equilibra los chakras (p. 156)
• Meditación para conectar con la luz divina (p. 157)

Aumenta tu brillo con el topacio dorado, p. 51
¿Sientes reverberaciones del pasado? Recurre a la turquesa, p. 46

Piedra lunar negra

Aventurera, sagrada, comprensiva	CUALIDAD
Raíz, sacro, corazón, corona	CHAKRA
Sanar el lado oscuro, renacer de cero, explorar el alma	FOCO

Los sentimientos o experiencias que nos avergüenzan en el presente se ocultan en lo más profundo de nuestra conciencia. Puede que eludamos explorar esta parte oscura de nosotros por miedo a lo que podamos encontrar, pero piensa que, sea lo que sea lo que se esconda allí, acabará por aflorar a la superficie.

¿Cómo podemos expresar ese lado oscuro y transformarlo en fuente de empoderamiento? Pues sintiéndonos cómodos con la totalidad de nuestro ser imperfecto. La piedra lunar negra nos ayuda a apreciar plenamente todo aquello que nos ha convertido en quienes somos. Nos ofrece la posibilidad de renacer, sacando a la superficie toda nuestra vergüenza y sentimiento de culpa.

Explora las profundidades de tu alma. ¿Qué sentimientos de culpa y vergüenza se esconden allí abajo? Acógelo todo en la superficie igual que hace la piedra lunar negra, y observa cómo se transforma tu espíritu en la poderosa esencia que eres y que siempre has sido.

Facilita el renacimiento espiritual con la piedra lunar negra en:
• Baño ritual (p. 182)
• Trabajo de respiración (p. 156)

Encuentra algo de valentía con el jaspe rojo, p. 42
Para seguir explorando el alma prueba la brookita, p. 66

Shungita

CUALIDAD	Abierta, honesta, purificadora
CHAKRA	Todos
FOCO	Transformarse a través de la vulnerabilidad, crear un espacio seguro para poder mostrarnos auténticamente, inspirar a otros

La vulnerabilidad puede dar mucho miedo. Nos exige ser honestos, auténticos y valientes. Pero el deseo de amor y aceptación complica las cosas, ya que crea la tormenta perfecta que nos lleva a encerrarnos y a proyectar una versión de nosotros más agradable. Esta proyección pone distancia entre nosotros y nuestra comunidad.

Para transformar nuestro deseo de amor y aceptación, debemos dedicar tiempo a equilibrarnos y purificarnos. La shungita dirige este proceso en el que reivindicamos nuestro centro y convocamos la proyección energética. Creamos el espacio para poder ser vistos auténticamente.

Consigue que el mundo que te rodea sea más vulnerable mostrándote tú también más vulnerable. Apóyate en la vibración purificadora de la shungita para que la compasión siga fluyendo, de modo que todos los miembros se sientan tan a salvo como para mostrarse y ser vistos sin tener que ocultar partes de su ser. Observa los cambios que se producen en tu comunidad cuando las personas pueden vivir con dignidad.

Deja que tu verdadero yo brille con la shungita en:
- Meditación tomados de la mano (p. 157)
- Contemplación en el espejo (p. 79)

¿Te cuesta abrirte? Prueba el cuarzo fresa, p. 83
¿Listo para mostrarte vulnerable? Ábrete a la cuprita, p. 65

Sugilita

CUALIDAD	Paciente, relajante, nutritiva
CHAKRA	Raíz, plexo solar, tercer ojo
FOCO	Tomarse el tiempo necesario, apreciar el proceso, dejar que se produzca la transformación cuando sea el momento

Las semillas espirituales que plantamos hoy necesitan tiempo para convertirse en la cosecha transformacional de mañana. Es posible que estemos ansiosos por dar un paso adelante, ya sea a causa de la excitación o de la impaciencia, pero eso no cambia el hecho de que las semillas necesitan tiempo para germinar. No se puede acelerar el proceso, ni hay razón para hacerlo.

La paciencia y el cuidado calman la cháchara energética que hace que nos movamos demasiado rápido. La sugilita nos ayuda a desarrollar estas cualidades para respaldar la evolución de nuestra alma. Disfrutamos dejando que las semillas espirituales se desarrollen y descubrimos que durante el proceso aprendemos muchas cosas.

¿En qué ámbitos de la vida te estás precipitando? ¿Puedes tomártelo con un poco más de calma, disfrutando de cada instante por lo que te brinda? Lo que importa no es siempre el objetivo final, sino lo que ocurre en el proceso. Escucha los consejos de la sugilita y practica la paciencia.

Disfruta del proceso de tu crecimiento espiritual con la sugilita en:
- Yin yoga con cristales (p. 134)
- Jardín con piedras (p. 52)

Muévete un poco más despacio con la fluorita arcoíris, p. 231
Nútrete más con la fuchsita, p. 24

Shungita

«Mi corazón
está abierto y es
hospitalario, me
siento seguro en
mi comunidad.»

Sugilita

«Saboreo los momentos
intermedios y observo
el crecimiento en
tiempo real.»

Apatita azul

«Conseguimos
más cosas juntos
que en solitario.»

Apatita azul

Empoderante, conectora, innovadora | **CUALIDAD**

Raíz, corazón, garganta, tercer ojo | **CHAKRA**

Navegar por las idas y venidas de la vida, potenciar el sentimiento de comunidad, crear espacio para la inspiración | **FOCO**

La vida pasa muy rápido, como una ráfaga de viento. A veces es como una brisa que se agradece tras el largo verano; otras, como un vendaval que nos arrasa. Todo depende de hacia dónde miremos, y de si tenemos que hacerle frente nosotros solos o en compañía de otros.

Sea cual sea la situación, la apatita azul te recordará lo importante que es aunar fuerzas. De este modo, nuestra energía aumenta porque no tenemos que trabajar tan duro para avanzar. Y además disponemos de más tiempo para disfrutar de toda las cosas buenas que la vida puede ofrecernos. Su vibración empoderadora potencia la innovación creativa que surge cuando el intelecto y la creatividad disponen de espacio para aflorar.

¿Cómo afrontas las sorpresas de la vida? ¿Abordas el problema lanzándote de cabeza e intentando seguir adelante solo? ¿O te unes a la comunidad, de manera que os protegéis, os apoyáis y os empoderáis unos a otros? La apatita azul mejora la capacidad de trabajar conjuntamente, librando al individuo de la presión y el exceso de carga. Así, todos emergemos con menos peso y con más espacio para recibir y actuar sobre nuestra inspiración.

Usa la apatita azul para canalizar el poder del trabajo en equipo en:
- Trabajo de respiración (p. 156)
- Meditación tomados de la mano (p. 157)

AGUA

Reconecta con la comunidad con la dravita, p. 246

Abraza las ideas creativas con la ametrina, p. 235

Charoita

CUALIDAD	Limpiadora, edificante, radiante
CHAKRA	Todos
FOCO	Despejar el cuerpo energético de vibraciones externas, abrir el corazón a una conexión más profunda

El cuerpo energético es sensible a los estímulos del entorno. Cuando encontramos una energía curiosa o alegre puede ser reconfortante. Pero si es frustrante o impaciente, puede crear tensión. Eso puede disminuir nuestro brillo natural y agobiarnos.

El aura es el cuerpo luminoso que rodea nuestra forma física. Se extiende a todas partes y entra en contacto continuamente con el mundo que nos rodea. Tras un día largo, puedes sentir los efectos de todas esas energías mezcladas con la tuya. La vibración de la charoita disipa el letargo consecuencia de tener que soportar el peso de otras energías, transmutándolas por un efecto limpiador del aura y devolviéndole su brillo natural.

La charoita muestra los puntos donde el aura es demasiado permeable a las interferencias externas y ayuda a reforzar dichos puntos para que podamos movernos e interactuar con mayor comodidad. Cuando el aura brilla y se siente sustentada, podemos interactuar con la mente y el corazón abiertos, profundizando nuestras conexiones.

Restaura tu energía con la charoita en:
• Meditación del aura (p. 213)
• Masaje y minerales (p. 134)

Aborda los límites con la rodocrosita, p. 133
Canaliza tu luminosidad con la calcopirita, p. 154

Benitoíta

CUALIDAD	Curiosa, conectora, considerada
CHAKRA	Corona, tercer ojo, garganta, corazón
FOCO	Encontrar vías de entendimiento, crear espacios seguros para expresarse, aprender a reservarse la opinión

Hace falta una cantidad considerable de valor para abrirse a los demás. Sobre todo cuando tenemos creencias o valores distintos. Estamos acostumbrados a mantenernos alejados de aquellos que tienen opiniones contrarias a las nuestras, juzgándolos en silencio. Este comportamiento crea entornos hostiles que provocan más prejuicios y malentendidos.

Es importante sentirse libre para defender y expresar las propias creencias, pero la benitoíta nos enseña a hacerlo con amabilidad y compasión. Nuestra meta no es demostrar nuestro punto de vista, sino crear un espacio seguro en el que cada uno de nosotros pueda expresarse libremente. Nos enseña a enfocar la conversación desde la curiosidad, para que cada uno pueda comprender las motivaciones más profundas del punto de vista del otro.

Practica la conexión a partir de la curiosidad. ¿Cómo cambia eso tu relación con aquellos que no opinan como tú? Apóyate en la benitoíta siempre que juzgues demasiado rápido o que saques conclusiones apresuradas. No tienes por qué estar de acuerdo. El objetivo es encontrar un elemento común de humanidad.

Abraza la sabia energía de la benitoíta siempre que la conversación sea tensa en:
• Meditación tomados de la mano (p. 157)
• Red de compasión (p. 106)

Para el arte de la comunicación prueba la creedita, p. 102
Cultiva la valentía con el heliodoro, p. 146

Charoita

«Mi aura está radiante,
la nutro con amor.»

Benitoíta

«Mi curiosidad hace
que abra el corazón
al mundo que me
rodea.»

Cuarzo clorita

«Mi corazón está abierto
y lleno de compasión.»

Piedra K2

«Mi corazón y mi
mente están abiertos.
He llegado.»

Cuarzo clorita

Expansiva, conectiva, suavizante	CUALIDAD
Corazón, tercer ojo, corona	CHAKRA
Descubrir la unicidad, abrir el corazón, construir un mundo mejor	FOCO

Cuanta más compasión podamos ofrecernos unos a otros, mejor. No nos ayuda en nada ser impacientes o críticos. Lo hacemos todos lo mejor que podemos con las herramientas de que disponemos. Añadirse traumas unos a otros solo exacerba una situación ya de por sí complicada.

En la compasión florece el amor, ya que crea el entorno que nos nutre. Debemos construir un mundo en el que nos perjudiquemos menos unos a otros. El cuarzo clorita nos enseña a hacerlo a través de la esencia de la unicidad, en la que lo que le hacemos a los demás nos lo hacemos a nosotros mismos. Cuando reconocemos nuestra conexión entre nosotros, y con la Tierra, nos cuesta menos manifestar nuestra compasión.

Dedica un momento a reflexionar de forma introspectiva y piensa dónde podrías mostrar más compasión. A veces el mero hecho de ver la frecuencia con la que se manifiesta la impaciencia basta para ayudarnos a cambiar de comportamiento. El cuarzo clorita purificará tu energía, ofreciéndote una nueva perspectiva para que puedas convertirte en un ser más compasivo.

Abre tu corazón con el cuarzo clorita en:
- Meditación tomados de la mano (p. 157)
- Red de compasión (p. 106)

Suaviza tu energía con el jaspe del desierto, p. 36
¿Necesitas más paciencia? Prueba la petalita, p. 87

Piedra K2

Monumental, trascendente, intencionada	CUALIDAD
Raíz, corona	CHAKRA
Conectar el suelo y el éter, acceder a la inspiración divina, crecimiento espiritual	FOCO

Buena parte de nuestras experiencias tienen lugar en el suelo mirando al cielo. Sentimos que la tierra nos sustenta y estamos cómodos allí. Algunos se sienten tentados a explorar cotas más altas. Profundizan en prácticas espirituales que los llevarán a donde se unen Tierra y éter.

Esta confluencia ofrece una sensación de elevación enraizada que abre la mente y expande la conciencia del alma. El esfuerzo que conlleva llegar hasta allí es extremo y la piedra K2 encarna dicho esfuerzo a la perfección. Guía nuestra expansión espiritual, proporcionándonos la fuerza y la determinación para seguir adelante.

¿En qué punto de tu viaje espiritual estás? La piedra K2, que equilibra nuestra expresión terrestre y nuestra ascensión espiritual, nos lleva a un viaje épico de transformación. Nos motiva mostrándonos lo que hay al final de todo ese esfuerzo: el calor del sol sobre nuestra cara mientras observamos la Tierra y más allá, hasta la expresión del éter.

Disfruta de la vista y potencia tu crecimiento espiritual con la piedra K2 en:
- Silencio sereno (p. 238)
- Trabajo de respiración (p. 156)

Prepárate para la ascensión con la ammolita, p. 159
¿Necesitas palabras de ánimo? Prueba la turmalina sandía, p. 74

Lapislázuli
«Abrazo los
misterios de la
vida con amplitud
de miras.»

Lapislázuli

CUALIDAD	Objetiva, consciente, misteriosa
CHAKRA	Tercer ojo, corona
FOCO	Comunicación veraz, visiones interiores, autoexploración

Al principio, el mundo era un campo de energía oscuro y amorfo, hasta que el movimiento le dio forma. Eso ocurrió antes incluso de que existiera el tiempo, en una dimensión pura, misteriosa y apacible, en la que residen las respuestas a nuestras dudas existenciales.

Cuando entramos en esta dimensión, ya sea en un sueño o una meditación profunda, el lapislázuli está allí, esperando para guiarnos por el incierto terreno. Facilitando una profunda exploración del pasado, nos introduce en una experiencia de plena conciencia, en la que vemos la interconexión y la energía evolutiva del universo.

El viaje no es para los débiles de corazón, sino para aquellos lo suficientemente valientes como para analizarse a sí mismos. El lapislázuli es un maestro estricto, pero comprensivo. El azul de la lazurita sosiega el espíritu, mientras que las motas doradas y blancas de la pirita y la calcita iluminan e inspiran una autoexploración sincera. Si escuchamos sus consejos, nuestros cuerpos físico, emocional, mental y espiritual estarán en armonía, lo que nos llevará a entender los secretos del universo.

Aprende las lecciones del tiempo y el espacio con el lapislázuli en:
• Contemplación de las estrellas (p. 52)
• Silencio sereno (p. 238)

¿No estás listo para el amor difícil? Prueba la espinela, p. 133

¿Buscas aventuras? Explora con la magnetita, p. 55

Danburita

Serena, creativa, fortalecedora | CUALIDAD
Corazón, corona | CHAKRA
Sustentar a través de la tristeza, aliviar el dolor emocional, aceptarse a uno mismo y a los demás | FOCO

La tristeza forma parte de la vida y, como seres emocionales que somos, seguro que antes o después deberemos enfrentarnos a ella. Los varios tipos de pérdida que podemos experimentar pueden impedirnos vivir de forma plena.

La danburita, que nos levanta el ánimo con un soplo de aire fresco, nos ayuda a superar los momentos difíciles. Ofrece consuelo a nuestro fatigado corazón y fortalece nuestra energía, para que con el tiempo seamos capaces de seguir adelante nosotros solos. Una vez fortalecidos, podemos canalizar nuestros sentimientos hacia la expresión creativa para honrar nuestras experiencias y para ofrecer consuelo a otros que estén pasando por una situación parecida.

Todos hemos experimentado alguna vez problemas emocionales que nos han hecho cuestionarnos si seríamos capaces de seguir adelante. Incluso puede parecernos que nuestro mundo se ha acabado. La danburita nos recuerda que no tenemos por qué pasar por eso solos. El universo está aquí para amarnos y para devolvernos la fe en que las cosas mejorarán, aunque ahora mismo te parezca imposible.

Deja que tu tristeza y tu dolor se transformen bajo la dulce energía de la danburita en:
- Circulación del corazón (p. 31)
- Reiki (p. 182)

ÉTER

Danburita

«El amor eleva
mi corazón
devolviéndome
la serenidad.»

Transforma las emociones con la turmalina azul, p. 184
Fortalece tu apoyo con la cianita negra, p. 27

**Apofilita
transparente**

«Cuando escucho
mi verdad interior,
sé cómo perseguir
mis sueños.»

Amatista

«Me permito disfrutar
de los placeres de la vida
sin sentirme culpable.»

Apofilita transparente

Hay veces que parece que damos dos pasos hacia delante y cuatro hacia atrás. La inspiración, la acción y la reflexión se mezclan con la confusión y el olvido de la intención. Avanzamos sin comprobar que todo sigue alineado.

Nuestros sueños y expectativas trastabillan porque nuestro enfoque se ha desviado. Hemos perdido de vista toda la orientación interior que marca el camino. La apofilita transparente eleva el tono de nuestra voz interior y nos recuerda quiénes somos, qué necesitamos y cómo podemos realinear nuestra energía. Bajo su vibración bajamos el ritmo para que las cosas se asienten y experimentamos la lucidez que necesitamos para actuar con confianza.

Conecta con todo lo que llevas dentro mientras cultivas un momento de serenidad. Observa cómo se avivan tu luz interior y tu verdad con la quietud. La apofilita transparente hará que tu voz interior

Abierta, alineada, segura	CUALIDAD
Corona	CHAKRA
Recordar tu intención, actuar desde el saber, prestar atención a tu sabiduría interior	FOCO

suene alta y clara, lo que permitirá que persigas tus sueños con paso firme y grácil.

Abraza tu sabiduría interior con la apofilita transparente siempre que notes que vas hacia atrás sin razón aparente. Pruébala en:
• Siesta mineral (p. 182)
• Lectura de los cristales (p. 212)

———————————

¿Inspirado? Avanza hacia el ágata dendrítica, p. 22
Deshazte del caos con la hiperstena, p. 58

Amatista

La búsqueda del equilibrio entre nuestras responsabilidades y el descanso es un constante proceso de aprendizaje. Solemos sentir el peso de nuestras obligaciones hasta tal punto que, cuando disponemos de tiempo para disfrutar de nosotros mismos, nos sentimos culpables.

Con la amatista, cultivamos la estabilidad y equilibramos la responsabilidad y el placer. Hay un momento y un lugar para cada cosa.

La adicción puede manifestarse de muchas formas, sobre todo cuando tomamos decisiones que van en contra de nuestra intención. Si te pasas la vida comprometiendo tus deseos, quizá haya llegado el momento de mirar con más detenimiento en tu interior y de descubrir las creencias basadas en el miedo que definen tus acciones. La amatista nos recuerda que el placer y la alegría son tan importantes como las

Consciente, pensativa, relajante	CUALIDAD
Sacro, corona	CHAKRA
Superar las tendencias adictivas, equilibrar el cuerpo físico y el cuerpo energético, redescubrir el placer	FOCO

responsabilidades. Cuando mantenemos la conciencia despierta y nos fijamos intenciones claras, el miedo desaparece y llevamos una existencia más equilibrada.

Deja que la amatista te ayude a reformular tu vida en:
• Baño ritual (p. 182)
• Contemplación de los cristales (p. 213)

———————————

Abraza los placeres de la vida con el rubí, p. 50
Fija los límites con la calcedonia azul, p. 163

Diamante

CUALIDAD	Fuerza, brillantez, perspectiva
CHAKRA	Raíz, corona
FOCO	Transformarse bajo presión, recordar las lecciones del pasado, observar sin juzgar

Cuando surgen las tensiones de la vida, enseguida nos sentimos abrumados y desilusionados. Nos gustaría que nuestras experiencias fueran siempre agradables y fáciles. Pero la perfección que anhelamos no es más que una ilusión e inhibe nuestra capacidad de transformación.

Si optamos por la perfección, acabamos evaluando el entorno con juicios apresurados. Cuando ignoramos las esencias más profundas, perdemos objetividad. Mira el carbono, por ejemplo, un elemento muy abundante que a primera vista no parece demasiado espectacular. Sin embargo, bajo una presión y un calor inmensos, se transforma en diamante, uno de los materiales más fuertes y radiantes de la Tierra. Podemos aprender mucho de esta transición, ya que nos ayuda a ver que cada experiencia es una oportunidad para convertirnos en algo mucho mejor.

Mira las experiencias de tu vida. ¿Has evitado las tensiones dando por sentado que no tenían nada que ofrecerte? La próxima vez, entrégate a ellas como lo hace el carbono, y saborea la fuerza y el brillo del yo diamante que sale de ellas.

Cambia tu perspectiva respecto a los desafíos de la vida con el diamante en:
• Trabajo de respiración (p. 156)
• Meditación para conectar con la luz divina (p. 157)

Diamante

«Las tensiones de la
vida me transforman
en mi yo más radiante.»

Sigue transformándote con la perla, p. 168
Deja brillar tu luz con la apatita dorada, p. 38

Celestita
«Da igual dónde vaya, estoy justo donde debo estar.»

Celestita

Serena, intuitiva, armoniosa	CUALIDAD
Tercer ojo, corona	CHAKRA
Encontrar la paz, conectar con lo divino, ejercer el derecho a escoger	FOCO

A lo largo de la vida, llegamos a distintos puntos en que el camino se bifurca y debemos escoger. Disponemos de poca información más allá de lo que podemos ver, por lo que estas decisiones trastornan nuestra armonía energética. El miedo a tomar una decisión equivocada puede mantenernos atrapados en un mismo lugar.

Este tipo de decisiones pueden intimidarnos y hacer que cavilemos en exceso, pero en realidad nos dan la oportunidad de cultivar la paz interior. La celestita facilita esta vibración porque nos reconecta con la energía divina que mitiga la preocupación y el miedo. Una vez que nos sosegamos, podemos centrarnos en ver qué camino se alinea con nuestra vibración.

Si nos cuesta decidir, la celestita nos ayudará a conectar con nuestros guías espirituales. El apoyo adicional fortalece nuestra intuición y descubrimos que no hay un camino correcto: podemos escoger cualquiera de los dos y estar justo donde tenemos que estar.

Siempre que las decisiones de la vida te hagan dudar, encuentra tu camino hacia la armonía, hombro con hombro con la celestita en:
• Reiki (p. 182)
• Meditación para conectar con la luz divina (p. 157)

Conecta con el espíritu mediante el cuarzo sanador dorado, p. 145

Profundiza en tu intuición con el cuarzo enhydro, p. 160

Mesolita
«El amor emana de
mi ser y me conecta
con mi comunidad.»

Mesolita

CUALIDAD	Colaboradora, comunicativa, móvil
CHAKRA	Corazón, corona
FOCO	Salir de nuestra zona de confort, trabajar conjuntamente para poner de manifiesto visiones colectivas, amor espiritual

El hecho de necesitar ayuda o apoyo suele verse como un rasgo de debilidad. No nos cuesta ofrecer ayuda a los demás, pero rara vez la pedimos. El estigma en torno a recibir ayuda es tan fuerte y bochornoso que evitamos aquellas situaciones que puedan obligarnos a salir de nuestra zona de confort.

Cada vez que la vergüenza nos impulse a alejarnos de una experiencia, deberíamos recurrir a la energía de la mesolita. Este mineral de forma delicada, que se genera en las cavidades del basalto, no puede existir sin un soporte. Pero el hecho de necesitar la ayuda del basalto no hace que sea menos mágico, poderoso o hipnótico. Podemos aprender a colaborar de un modo parecido y desarrollar una cooperación que ponga de manifiesto una visión colectiva todavía más brillante.

Si eres reticente a recibir ayuda, deja que la mesolita reformule el estigma que rodea al apoyo y lo convierta en una oportunidad para colaborar. Cuando aprendemos a comunicar nuestras ideas, sueños y necesidades a nuestra comunidad, aumentamos las posibilidades de que se hagan realidad.

Abraza el apoyo de la comunidad y disipa el control que la vergüenza ejerce sobre ti con la mesolita en:

- Meditación tomados de la mano (p. 157)
- La mirada (p. 238)

¿Dispuesto a jugar en equipo? Recurre a la jadeíta, p. 61

Sacúdete la vergüenza con el ágata lazo azul, p. 168

Piedra hada

Mágica, alegre, espíritu libre	**CUALIDAD**
Todos	**CHAKRA**
Redescubrir el misticismo de la vida, librarse de la rutina, dedicar tiempo a jugar	**FOCO**

Nuestro mundo es un ecosistema con múltiples capas. Nosotros tan solo vemos una fracción de su expresión energética. Cuanto más tiempo pasamos encerrados, más alejados nos sentimos de la energía amorosa de la naturaleza. Empezamos a perder de vista la magia y el misterio que forman parte de nuestro mundo, y optamos por distracciones y diversiones a las que podemos acceder con un solo clic.

La piedra hada nos invita a jugar, nos ayuda a romper la rutina que nos impide apreciar la magia de la naturaleza. Reaviva nuestra sensación de asombro y alegría, animándonos a abrazar una energía desenfadada y libre.

Nuestra alma anhela la aventura y el juego. Es la esencia lo que nos hace sentir vivos. La piedra hada es la dulce sorpresa que la naturaleza arroja en nuestro camino para animar las cosas. Dedicar tiempo a resetear y redescubrir el mundo estimula nuestro corazón y nuestra mente, lo que nos ayuda a mantenernos centrados cuando regresamos a la rutina diaria.

Comulga con la energía de la piedra hada siempre que te sientas excesivamente serio. Incorpórala en:
- Baño forestal (p. 52)
- Circulación del corazón (p. 31)

AGUA

Piedra hada

«Cuanto más tiempo dejo que mi espíritu juegue, más renovado me siento.»

¿Estás entumecido? Relájate con el cuarzo clorita, p. 203

Aprovecha tu niño interior con la datolita, p. 111

Explorar el paisaje interior

Siempre que te sientas desconectado o perdido, o que necesites consejo o un impulso vibracional, estas prácticas con piedras te reconectarán con la esencia etérea y espiritual de tu propio paisaje interior. Si deseas un reseteo potente, hazlas una detrás de otra; si lo que quieres es un ajuste consciente, úsalas por separado.

Escritura sensitiva

Fortalecer la conciencia sensorial estimula la presencia. El hecho de estar presente proporciona claridad y conexión. Cultiva una conexión con el aquí y el ahora escribiendo un diario energético.

- Escoge intuitivamente una piedra. Sostenla en las manos mientras meditas durante cinco minutos.
- Con cada respiración, centra tu conciencia en el espacio que te rodea, fijándote en lo que sientes.
- Abre los ojos y empieza a escribir usando únicamente afirmaciones sensoriales («Yo veo», «Yo siento», «Yo oigo», «Yo saboreo», «Yo huelo») para describir tus impresiones.
- Ve un paso más allá y aplica las afirmaciones sensoriales a tu vibración energética («Mi energía ve», «Mi energía siente», «Mi energía oye», «Mi energía saborea», «Mi energía huele»). Deja que tus pensamientos intuitivos salgan a la superficie.
- ¿Cómo ha cambiado tu sentido de la conexión el hecho de ser consciente de tu entorno, tanto a nivel físico como energético?

Lectura de los cristales

Usa este análisis energético para ver cómo fluye tu energía, para hacerte preguntas, fijar intenciones y encontrar inspiración.

- Crea una red de cristales usando tu intuición.
- Cierra los ojos y centra tu energía respirando profundamente varias veces.
- Cuando te sientas enraizado, piensa en la pregunta, la situación o la intención sobre la que te gustaría saber más. Deja que aquello que aparezca en tu mente disponga de espacio en tu corazón para ser aceptado.
- Abre los ojos e identifica las piedras que te llaman la atención.
- Reflexiona sobre las pautas, formas y conexiones que ves entre las piedras. Profundiza en sus cualidades individuales analizando la información que aparece en este libro sobre ellas.
- Reflexiona sobre todas tus impresiones para descubrir el mensaje del cristal, que te ofrece una percepción única acerca de tu experiencia.

Contemplación de los cristales

Las piedras por las que nos sentimos atraídos revelan muchas cosas sobre nosotros. Sobre todo cuando dejamos que la sabiduría salga sin antes distraer nuestra mente con lo que creemos que sabemos acerca de la piedra. Aprovecha tu propia orientación escribiendo libremente. Usa solo la imagen de la piedra para inspirarte.

- Selecciona intuitivamente una piedra de este libro o de tu colección personal.
- Fíjate en su forma física y empieza a escribir lo que te venga a la mente durante cinco minutos.
- Observa los posibles temas o revelaciones clave que aparecen.
- Ahora consulta las propiedades energéticas, las cualidades y los usos de la piedra.
- Compara y contrasta los elementos asociados a la piedra con tu experiencia.
- Reflexiona sobre lo que has descubierto. ¿Qué has aprendido sobre ti mismo y sobre tu vibración en este momento? ¿Cómo esto puede ayudarte?

Meditación del aura

Realizar una meditación del aura con cristales ilumina nuestros matices energéticos y nos empodera para que sigamos adelante con conocimiento e intención consciente.

- Cierra los ojos y empieza a respirar profundamente y sin prisas. Imagina que tu aura es una luz de color que resplandece a tu alrededor.
- Sigue respirando lentamente mientras visualizas que las cualidades de tu aura se transforman en las vibraciones chispeantes de los cristales.
- Mientras conectas con la esencia cristalina de tu aura, con los ojos todavía cerrados, deja que te guíe hasta un cristal de este libro.
- Permite que este cristal te revele las energías que pueden sustentarte o están presentes para ti en este momento.
- Canaliza esta vibración siempre que lo necesites a lo largo del día para reconectar con esta sabiduría cristalina y sentirte empoderado por ella.

Flor de amatista

«Me veo tal como
soy: hermoso,
mágico, radiante.»

Kunzita

«Toda mi esencia es
una expresión de amor
incondicional.»

Flor de amatista

Radiante, reflexiva, mágica	CUALIDAD
Corazón, corona	CHAKRA
Ver la belleza en uno mismo, compartir los dones divinos, ser testigo de las pequeñas señales del universo	FOCO

Nos produce una gran incomodidad reconocer nuestra belleza. La vemos como algo finito y efímero. Siempre que valoramos la belleza de los demás, damos por sentado que la nuestra es inferior. Al mirarnos en el espejo solemos fijarnos en las imperfecciones, sin darnos cuenta de que la verdadera belleza sale del interior como una expresión de la energía divina.

Vemos nuestros dones, puntos fuertes y sueños junto a nuestras debilidades, frustraciones y miedos. La flor de amatista, con un lado centelleante y otro lado más bien apagado, nos muestra que las dos caras son un todo. Aceptarnos plenamente hace que nuestra belleza emane de forma natural.

Mírate al espejo y obsérvate con amor. ¿Puedes hacerlo sin juzgar lo que ves? Sigue el ejemplo de la flor de amatista y deja que la energía divina que hay en tu interior irradie hacia fuera. Deja que tu belleza interior sea un faro de inspiración y amor.

Usa la flor de amatista siempre que olvides tu grandiosidad en:
• La mirada (p. 238)
• Silencio sereno (p. 238)

Cultiva los dones espirituales con el cuarzo enhydro, p. 160
Descubre las señales del universo con el zafiro, p. 176

Kunzita

Amorosa, renovadora, incondicional	CUALIDAD
Corazón	CHAKRA
Conectar con el amor divino, aprender a rendirse, cultivar la paz interior	FOCO

Una turbulencia energética fluye por nuestra comunidad y hace que muchos nos sintamos insuficientes. Nos miramos al espejo y nos preguntamos: «¿Soy suficiente? ¿Hago lo suficiente? ¿Qué es lo que me impide ser visto?». Todo el esfuerzo invertido en buscar la conexión y el testimonio hace que nos sintamos débiles.

En esos momentos, cuando nos sentimos solos y exhaustos, la kunzita nos conecta con la fuente infinita de amor que lo es todo. Redescubrimos nuestra inocencia y nos rendimos al amor divino. La resistencia se desvanece y los obstáculos se transforman en oportunidades excitantes.

Si necesitas paz instantánea o un recordatorio de que eres suficiente, deja que la vibración de la kunzita caiga sobre ti como una cascada. Tu energía empezará a derramar amor incondicional sin parar. Mientras fluye a tu alrededor nutriendo cada una de tus células, sentirás que tus chakras se alinean con tu corazón, dejándote el espíritu centrado y renovado.

Transforma tu energía en amor divino con la kunzita en:
• Circulación del corazón (p. 31)
• Meditación en busca de la luz divina (p. 157)

¿Sientes amor? Deja que te inunde con la sillimanita, p. 170
¿Problemas de autoestima? Recurre al oro, p. 119

215

Cuarzo rojo

CUALIDAD	Cósmica, paciente, reflexiva
CHAKRA	Raíz, sacro, corazón
FOCO	Apreciar la expansividad del universo, recordar nuestra divinidad, abrir el corazón

De día, el cielo parece cercano y familiar. Sale el sol, las nubes se desplazan, se producen los fenómenos atmosféricos. No solemos mirar arriba ni pensar qué hay más allá del éter. Es cuando se pone el Sol, dando paso a la Luna y las estrellas, cuando nos abrimos a la expansividad del universo.

El cuarzo rojo, expande nuestra mente terrenal y actúa como puente hacia el mundo celestial, acercándose a lo divino. Como un planeta diminuto entre otros muchos, esta conciencia nos ayuda a apreciar nuestra relación con el cosmos. El cuarzo rojo, que encarna tanto la energía enraizada como la elevadora, destruye la pena y el estrés, abriendo el corazón con facilidad y conectándonos con nuestro resplandor interior.

Adéntrate en la noche y contempla las estrellas. Conecta con la brújula cósmica que guía nuestra conciencia. El cuarzo rojo hace que todo vuelva a la realidad, iluminando el cosmos interior, recordándonos que también nosotros somos seres celestiales divinos.

Aprovecha tu estrella interior con el cuarzo rojo. Deja que te conecte con el universo en:
- Contemplación de las estrellas (p. 52)
- Meditación en busca de la luz divina (p. 157)

¿Te sientes desconectado? Prueba la fluorita morada, p. 167

Canaliza la divinidad con el ágata de Botswana, p. 61

Diamante herkimer

CUALIDAD	Amplificadora, compasiva, transformadora
CHAKRA	Todos
FOCO	Expandir la expresión energética, iluminar las sombras, librarse de juzgar

Cuando nuestra expresión emocional resulta demasiado vasta, aquellos que se sienten incómodos con nuestros sentimientos se lanzan a criticarnos. Al ver que falta espacio, y que no es seguro para nosotros estar como estamos y sentir lo que sentimos, la experiencia nos anima a contenernos.

Cuanto más nos reprimimos, más probabilidades hay de que nuestras emociones exploten bajo presión. El diamante herkimer nos libera del juicio que nos impide experimentar y transformarnos a través de nuestra expresión energética. Como si un rayo cayera directo sobre nuestra alma, las partes oscuras ocultas en nuestro interior se nutren de amor incondicional.

El diamante herkimer hace que, una a una, salgan a la superficie para ser liberadas. Y cada vez que lo hace, nuestra energía se expande y crea espacio para que podamos ser y sentir.

Sé benévolo contigo mismo al identificar esos momentos en los que te viste forzado a retraerte. Recupera tu expresión emocional con el diamante herkimer. Deja que su energía transforme cualquier parte de ti que te hayan dicho que es excesiva en la belleza que amplifique tu alma.

Siente la energía del diamante herkimer durante:
- Silencio sereno (p. 238)
- Meditación al amanecer o al atardecer (p. 31)

Abraza tu luz con el topacio dorado, p. 51

Para la expresión emocional recurre al aguamarina, p. 160

Diamante herkimer (incrustado)

Cuarzo rojo

«El cosmos está dentro
de mí. Soy divino.»

Diamante herkimer

«Todo lo que soy y
siento es una expresión
válida de mi alma.»

Calcita óptica

«Mi intuición es fuerte
y fluida, y me guía por
la vida.»

Labradorita

«Hay más cosas en
mí de las que se ven
a simple vista.»

Labradorita

Paciente, reflexiva, misteriosa	CUALIDAD
Todos	CHAKRA
Ver más allá de la superficie, florecer, despejar a través de la conciencia energética	FOCO

Todas las almas tienen algo de sagrado. Es lo que nos atrae de los otros. Pero la luz que ilumina el fuego interior puede no estar en el ángulo adecuado para que otro pueda verlo. Con la forma abrupta e impaciente que tenemos de interactuar, a menudo pasamos por alto a aquellos cuyo fuego no conseguimos ver.

La labradorita nos transmite un poderoso mensaje sobre la complejidad de nuestra experiencia espiritual. Su energía es audaz y discreta, lo que hace alusión a esos momentos en que nos movemos entre la confianza y el miedo.

¿Te sientes valorado por todo lo que eres? ¿Descartas a los demás sin darles la oportunidad de brillar? Deja que la labradorita te recuerde la belleza que hay en el interior de cada uno de nosotros. Y que te haga ver que es posible que solo salga a la superficie si la luz nos ilumina de la forma correcta. Bajo su vibración aprendemos a ser amables unos con otros y recordamos que el fuego está ahí, aunque no podamos verlo.

Aprende a apreciar lo que se esconde en el interior de los demás con la labradorita en:
• Meditación caminando (p. 30)
• Meditación tomados de la mano (p. 157)

_____

Fortalece la comunidad con la cianita negra, p. 27
Abre tu corazón y tu mente con el ámbar, p. 115

Calcita óptica

Orientadora, iluminadora, decidida	CUALIDAD
Todos	CHAKRA
Navegar por los mares de la vida, sentirte seguro en tu expresión, reconectar con tu intuición	FOCO

La intuición es un músculo energético que todos tenemos y que orienta nuestras decisiones. Su capacidad para guiarnos por la vida no tiene parangón. Nos llega en forma de sutil inspiración, por lo que no es fácil captarla, especialmente si pasamos la mayor parte del tiempo respondiendo a estímulos más tangibles.

Siempre que nos sentimos perdidos, o cuando la conexión con nuestro conocimiento interior se debilita, aparece la calcita óptica y activa nuestros receptores intuitivos, proporcionándonos las coordenadas energéticas que nos muestran el camino. La lucidez que nos confiere nos ayuda a explorar la vida con espíritu aventurero.

Cierra los ojos y recurre a tu intuición. ¿Sientes cómo te susurra al oído? Si hay demasiadas interferencias para poder oírla con claridad, deja que la calcita óptica te ayude a sintonizar y reconectar. Despeja las ondas de radio, introduciéndote de nuevo en tu alma para recibir un nuevo tipo de autodescubrimiento y de comienzo excitante.

Encuentra tu camino con la calcita óptica. Deja que impulse tu intuición en:
• Meditación del aura (p. 213)
• Meditación al amanecer o al atardecer (p. 31)

_____

Abraza un nuevo comienzo con la egirina, p. 242
Explota tu propósito con el jaspe piel de leopardo, p. 149

Howlita

CUALIDAD	Abierta, pensativa, tranquila
CHAKRA	Tercer ojo, corona
FOCO	Aliviar el estrés, fortalecer el proceso de toma de decisiones, reiniciar la energía

Pensar, planificar, dudar, preocuparse, anticiparse y hacer listas ocupa una parte significativa de nuestra mente. ¿Cuándo se acabará? ¿Cuándo tendremos un momento para limitarnos a ser?

En un mundo tan ajetreado como el nuestro, debemos sacar tiempo para poder disfrutar de nuestra propia quietud. Momentos en los que no tengamos nada que hacer ni ninguna responsabilidad. La howlita fomenta estos momentos, liberando nuestra mente de pensamientos y preocupaciones. A medida que profundizamos en su energía meditativa, nuestro cuerpo celular se resetea. Recargados y listos, nuestra toma de decisiones y nuestro seguimiento se fortalecen, lo que nos permite afrontar cualquier cosa con la mente abierta.

Cuando la ansiedad llame a tu puerta, recuerda seguir el ejemplo de la howlita: respira hondo, baja el ritmo, deja que tu estrés se apacigüe. Cuando la ansiedad desaparece, eres libre de abrazar la audacia intuitiva que surge.

Disfruta del aumento de fuerza y la tranquilidad de espíritu que te proporciona la howlita en:
- Lectura de los cristales (p. 212)
- Siesta mineral (p. 182)

¿Recargado? Explota la crocoíta, p. 153

Encuentra más quietud con el zafiro, p. 176

Cuarzo gwindel

CUALIDAD	Pivotante, misteriosa, sagrada
CHAKRA	Todos
FOCO	Ver todos los lados, comprender situaciones complejas y confusas, clarificar las posibilidades

Es más fácil seguir un camino que ya existe que abrir uno nuevo. Ya sabemos las respuestas y solo hay que repetirlas. La repetición nos mantiene atrapados y nos despoja de nuestra vibración única. Tenemos que encontrar la manera de redescubrirla y evitar el miedo a lo desconocido.

Cada torsión de su cuerpo representa la conciencia del potencial infinito que existe en cualquier momento dado. El cuarzo gwindel, facilitando una amplitud de miras que enlaza distintas posibilidades y las conecta a través del tiempo y el espacio, nos anima a marchar al ritmo de nuestro propio tamborileo. A partir de su vibración, no sentimos una respuesta definitiva, ni una expectativa o fuerza decisiva. Nos da vía libre para explorar simultáneamente desde todos los ángulos.

Si estás listo para adentrarte en una nueva forma de existir, no encontrarás un momento mejor para hacerlo. Desentraña tu realidad actual. Sé consciente de todo a la vez. El cuarzo gwindel refuerza tu habilidad para comprender la complejidad, creando y moldeando la realidad según tus condiciones y a tu manera.

Cambia todo tu mundo con el cuarzo gwindel. Siente cómo su vibración te relaja durante:
- Silencio sereno (p. 238)
- Siesta mineral (p. 182)

Para sentirte liberado prueba la piedra luna melocotón, p. 142

Busca sentido al potencial con la piedra arenisca, p. 32

Imágenes en p. 222

Howlita

«Me concedo momentos
sencillos para recargar
las pilas y poder actuar
con intención.»

Selenita

«La paz fluye a través
de mí, conectándome
con mi propósito
divino.»

Estilbita

«Mis sueños revelan la
sabiduría del universo.
Me despierto
inspirado.»

Cuarzo gwindel

«Siempre que me siento
inspirado soy libre
de cambiar.»

Selenita

Apacible, tranquilizadora, purificante	CUALIDAD
Todos	CHAKRA
Comprender el propósito de tu alma, encontrar la serenidad, sentir el sustento del universo	FOCO

Aprender a conectar con nuestra espiritualidad requiere práctica. La estructura que establecemos desde el principio contribuye a que podamos construir sobre los cimientos con confianza. Pero hace falta reflexión e intención para crear unos cimientos que puedan sustentarnos.

La selenita nos conecta con la luz divina y la paz interior, creando el pilar energético que necesitamos para poder desarrollar el resto de nuestra práctica. Fortalece nuestra capacidad de recibir mensajes de la energía fuente, transmitiéndolos a cada una de las células. La alineación mente, cuerpo, espíritu que resulta nos inspira serenidad, para poder abrazar plenamente nuestro destino.

Si las cosas parecen paralizadas o estás desanimado a causa de la fuerza que tienes que emplear para que algo suceda, promueve un momento de paz con la selenita. Purificará tu aura para que puedas alinearte plenamente con tu propósito. Te será más fácil acceder a tus dones divinos y verás las oportunidades de tu alma.

Encuentra tu estructura espiritual y conecta con lo divino bajo la vibración de la selenita en:
• Reiki (p. 182)
• Silencio sereno (p. 238)

Descubre tus dones espirituales con la wulfenita, p. 108
Aprende el arte de la quietud con la ajoíta, p. 83

Estilbita

Activadora, aventurera, celestial	CUALIDAD
Tercer ojo, corona	CHAKRA
Viaje espiritual, estimulación de los sueños, despejar las vibraciones no deseadas	FOCO

Nuestros sueños son mensajes codificados del más allá, ricos en información. Cobran vida cuando estamos profundamente dormidos y se esfuman en cuanto empezamos a abrir los ojos. Rara vez los recordamos y cuesta interpretarlos.

La estilbita nos permite acceder mejor a la sabiduría de los sueños. Con su energía impulsiva y salvaje, nos lleva a vivir una aventura en el tiempo y el espacio. Con su vibración, experimentamos los mundos fantásticos a los que solo podemos acceder a través de nuestros sueños y descifrar los mensajes crípticos que esconden.

Échate una siesta y permítete soñar. ¿Qué lugares místicos has visitado? ¿Qué mensajes insólitos has recibido? La estilbita nos expone a los misterios de la vida y nos muestra nuevas formas de pensar y de existir. Despeja las vibraciones innecesarias que nos agobian para que podamos explorar los reinos espirituales más libremente.

Disfruta de la energía aventurera de la estilbita en:
• La mirada (p. 238)
• Contemplación de las estrellas (p. 52)
• Piedras en el cuerpo (p. 30)

¿Listo para un viaje astral? Recurre a la serpentina, p. 136
¿Quieres trabajar más los sueños? Pásate a la plata, p. 228

Galena

CUALIDAD	Cósmica, mística, sustentadora
CHAKRA	Raíz, corona
FOCO	Recuperación y exploración del alma, aceptar todas las facetas de ti mismo, enraizarte en la naturaleza

Pese a que sabemos que nadie es perfecto, hay muchas cosas que nos avergüenzan, partes de nosotros que nos da miedo que los otros vean. Cosas insignificantes, como alguna mala decisión que tomamos, nos parecen tan importantes que incluso nos las ocultamos a nosotros mismos. Pero si perdemos el contacto con nuestra esencia, nos cuesta conectar con los demás. ¿Cómo van a conocernos y a querernos si nosotros somos incapaces de hacerlo?

Aceptar nuestra sombra es un trabajo arduo. Nos obliga a ver todas nuestras facetas con amor. La galena nos da el valor de enfrentarnos a nosotros mismos, para vernos tal como somos. Y en cuanto lo hacemos, empieza la sanación. Con su apoyo podemos recuperar y nutrir nuestra esencia olvidada.

Adopta un sentimiento de asombro por tu expresión plena. ¿Qué cosas sobre ti son pura magia? ¿Puedes dejar que tu sombra forme parte de ti? La galena está ahí para darte amor y apoyo, para librarte de la influencia de recuerdos incómodos. Deja que abra tu corazón y te recuerde tu esencia. Mereces ser amado por quién eres.

Conecta con tu sombra mediante la galena en:
- Jardín con piedras (p. 52)
- Contemplación en el espejo (p. 79)

Galena

«Cada faceta de mí se merece ser amada.»

Explora tu sombra con la austinita, p. 97
Integra tu esencia con la alejandrita, p. 241

CRISTALES

Cuarzo espíritu

«Nutro mis dones interiores y así los preparo para el mundo.»

Cuarzo espíritu

Transformadora, purificadora, amplificadora	CUALIDAD
Plexo solar, tercer ojo, corona	CHAKRA
Descubrir tu propósito, desarrollar tus dones, amplificar tu expresión energética	FOCO

Cuando el cielo está gris, solemos sentirnos desanimados y melancólicos. Pero ¿te has dado cuenta de que el gris hace que el arcoíris resalte más? ¡Los colores se realzan! Somos capaces de ver la vida con mayor profundidad y eso a su vez aumenta nuestra energía.

No hay nada como un día espiritualmente gris para alinearnos de un modo más puro con nuestro propósito. La vibración del cuarzo espíritu purifica nuestra aura brindando paz a nuestra mente y librándonos del miedo. Nutre nuestros dones interiores, ayudándonos a desarrollarlos hasta que están listos para ser compartidos. De repente, todo encaja.

Este proceso no sucede de la misma manera ni en la misma línea temporal para todo el mundo. El cuarzo espíritu ayuda a armonizar la mente, el cuerpo y el espíritu, creando un entorno propicio para que cada uno de nosotros se transforme cuando esté listo. Cuando afloran nuestros dones, debemos ofrecerlos con gentileza.

Apóyate en el cuarzo espíritu para que tus dones salgan a la luz en:
- Siesta mineral (p. 182)
- Red de creatividad (p. 106)

Cultiva la paciencia con la estaurolita, p. 66
Baja el ritmo con el jaspe mokaíta, p. 57

Ágata uva

«Mis acciones provocan
cambios que hacen del
mundo un sitio mejor
para vivir.»

Cuarzo lemuriano

«Todas las respuestas están
en mi interior.»

Ágata uva

Inspiradora, concienciadora, considerada	CUALIDAD
Sacro, plexo solar, corazón, tercer ojo	CHAKRA
Provocar cambios en el paradigma, ver las intersecciones de la vida, aceptar la responsabilidad por nuestras acciones	FOCO

La alarma colectiva ha estado sonando. Pero hemos seguido dormitando ante la realidad de la vida, en la que proliferan las desigualdades. Cuando intentamos abrir los ojos, el sol de la ventana es cegador. Pero nos estamos quedando atrás en nuestro objetivo de cambiar el rumbo de nuestro mundo. Ha llegado el momento de despertar y salir de la cama.

Hace falta valor, estabilidad y madurez para introducir cambios profundos en la conciencia colectiva. El ágata uva nos ayuda a encontrar esas cualidades en nuestro interior, a la par que nos recuerda que es urgente. Su forma botroidal, que simboliza las intersecciones de la comunidad, muestra lo importante que es juntar a la gente para que sane y crezca a través de la unión.

Reconoce la forma en que tus acciones afectan al mundo que te rodea. ¿Estás dispuesto a trabajar conjuntamente para combatir los problemas que atormentan a la humanidad? El ágata uva te anima a reflexionar sobre las distintas formas en que puedes actuar y cambiar el mundo.

Canaliza la poderosa energía sustentadora del ágata uva en:
• Servicio a la comunidad
• Meditación tomados de la mano (p. 157)

Para motivarte explora con la obsidiana mahogany, p. 141
Fortalece tu comunidad con el azabache, p. 147

Cuarzo lemuriano

Sagaz, integradora, expansiva	CUALIDAD
Todos	CHAKRA
Librarse del miedo, recordar nuestros orígenes, cultivar la armonía	FOCO

Los pensamientos negativos nos desasosiegan. La preocupación impregna de miedo la energía del amor, lo que hace que nos sintamos desconectados de la divinidad. Olvidamos de dónde venimos y nos cuesta recordar el conocimiento que nos ha sido transmitido. Hemos cavado un agujero a nuestro alrededor del que nos cuesta salir.

El cuarzo lemuriano, con sus estrías, nos recuerda que todo lo que necesitamos está en nuestro interior. Integra toda la conciencia emocional y espiritual que nos ha sido transmitida a través de nuestro ADN espiritual junto a nuestra realidad física y mental. Sustentados por su vibración podemos salir del pozo, con una perspectiva repleta de conexión y expansión.

¿Estás atrapado en el agujero de tu propio miedo? Escucha la sabiduría del cuarzo lemuriano y encontrarás la forma de escapar. Cuando recordamos que lo que necesitamos siempre está ahí, el miedo desaparece y el amor nos eleva.

Saca partido a la energía iluminadora del cuarzo lemuriano en:
• Siesta mineral (p. 182)
• Silencio sereno (p. 238)

Ábrete a tus guías espirituales con la celestita, p. 209
Líbrate de la necesidad de saber con la dolomita, p. 71

227

Plata

CUALIDAD	Sensual, caprichosa, etérea
CHAKRA	Corazón, corona
FOCO	Reconectar con tu pasión, encarnar la devoción energética, expresar amor en su forma más pura

La Luna pasa por distintas expresiones: de nueva a llena y vuelta a empezar. Cada fase lunar es una revelación de algo más profundo, que se refleja para que podamos presenciarlo. La consistencia de su presencia es un hermoso acto de devoción abnegada, una expresión de amor.

En la Tierra, la esencia de la Luna es plateada, y vibracionalmente encarna la sensualidad, el capricho y la introspección etérea. El mero hecho de contemplar la plata canaliza la energía de la Luna directamente hacia nuestra alma, y nos ofrece acceso a información sagrada, para que nos guíe y nos inspire.

¿Qué pasa cuando la Luna está cubierta y no podemos verla? Es el momento ideal para redescubrirnos, un momento para reflexionar. La contemplación de la plata nos revela que somos nuestro propio cuerpo celestial, que irradia la luz brillante del universo. Nos recuerda que somos expresiones de lo divino. Y que la energía amorosa que tanto deseamos siempre está ahí.

Deja que la plata proyecte sobre ti tu propia luz interior, reflejando la magia que hay dentro de ti, en:
• Notas de amor (p. 78)
• Red del ciclo lunar (p. 106)

Descubre tu luz interior con el granate espesartina, p. 141
Abraza la sabiduría con el larimar, p. 162

Morganita

CUALIDAD	Pura, amorosa, incondicional
CHAKRA	Corazón, corona
FOCO	Comprender el amor incondicional, nutrir las relaciones, activar y limpiar el corazón

Cuando empezamos a sanar, solemos asumir erróneamente que existe un punto final. Vamos quitando las capas confiando en llegar a él y terminar. Incluso es posible que creamos que ya hemos llegado al final cuando lo que hemos hecho es llegar al punto central. Una vez allí, nos damos cuenta de que, por muy abierto que esté nuestro corazón, siempre puede seguir expandiéndose.

El amor incondicional significa abrir eternamente tu corazón a los demás. Puede parecer una tarea ingente, pero la vibración de la morganita activa nuestra capacidad de profundizar en nuestro corazón, donde descubrimos la esencia del amor divino.

Recordamos nuestra inocencia, nuestra verdad, nuestra expresión del yo más puro. Deja que entre el amor. Deja que derrumbe las barreras de tu corazón.

Si te cuesta rendirte, la morganita eliminará los restos de ego y te infundirá su dulzura natural, haciendo que tu corazón pueda abrirse con facilidad. Nunca acabaremos de abrirlo del todo. Pero ¿a quién le preocupa eso cuando se encuentra completamente inmerso en el amor divino?

Abre el corazón al amor incondicional con la morganita en:
• Baño ritual (p. 182)
• Meditación tomados de la mano (p. 157)
• Notas de amor (p. 78)

Suaviza la mirada amorosa con el rubí, p. 50
Sé audaz con el amor. Ábrete a la fluorita azul, p. 172

Plata

«Soy un reflejo de lo
divino, mi esencia
refleja amor puro.»

Morganita

«Mi corazón
sigue abriéndose
a través del amor
incondicional.»

Fluorita arcoíris

«Las respuestas
aparecen cuando
encuentro la
quietud.»

Fluorita arcoíris

Protectora, edificante, nutritiva	CUALIDAD
Todos	CHAKRA
Encontrar la paz, descubrir la belleza oculta, limpiar el alma	FOCO

A veces parece que todo está encapotado y que no hay ninguna opción buena para las decisiones a las que nos enfrentamos. Nos cuesta ver la belleza en las enseñanzas y nuestra situación cada vez nos agobia más. La vida puede ponernos a prueba de la forma más inesperada, lo que nos hace pensar que nuestra frustración no va a desaparecer nunca.

Independientemente de dónde nos encontremos, la fluorita arcoíris disipa las nubes del cielo energético y nos ofrece su resplandor en forma de rayos que nos abrazan con fuerza. Nos recuerda que debemos bajar el ritmo para que el polvo se asiente y lo que necesitamos salga a la superficie. La verdad y la claridad empiezan a brillar en nuestra vida, y nos ayudan a aprovechar al máximo nuestras experiencias.

Cuando la vida te supere, apóyate en la fluorita arcoíris para obtener un poco de claridad y orientación. Deja que limpie y nutra tu alma, que te proporcione un momento de indulto para reunir tus pensamientos y escuchar tu corazón. La fluorita arcoíris nos mantiene a salvo y animados, y nos guía hacia sentimientos de paz, para que podamos ver la belleza oculta de nuestras experiencias.

Encuentra tu camino con la fluorita arcoíris en:
• Baño ritual (p. 182)
• Siesta mineral (p. 182)

ÉTER

Encuentra la paz con el abulón, p. 163

Abraza un nuevo comienzo con la anhidrita, p. 180

Jaspe unakita

CUALIDAD	Perspicaz, equilibradora, enraizante
CHAKRA	Raíz, plexo solar, tercer ojo
FOCO	Unir lo binario, estimular la empatía, expandir nuestra mente

Avanzamos por el camino sinuoso recorriendo las vueltas y recodos mientras nuestro destino aparece y desaparece de nuestro campo de visión. Los desafíos que tenemos por delante no nos dejan ver el camino y nos obligan a confiar en el apoyo de nuestro entorno.

La vida es una revelación pausada, lo que nos da el tiempo necesario para poder conectar con los demás a lo largo del camino. Siempre que caigamos en la mentalidad de «nosotros contra ellos», el jaspe unakita, el arquitecto espiritual, remodelará la energía del tiempo y el espacio, creando un puente de compasión que fomenta la empatía sincera.

El jaspe unakita expande nuestra mente para que podamos comprender la forma en que nuestras experiencias se entrelazan. Nuestras penas nacen de una misma raíz y nuestra sanación procede de una fuente homogénea. Esta revelación hace que dejemos de vernos como los salvadores de los demás y empecemos a ver los problemas como experiencias compartidas que solo pueden abordarse colectivamente. Juntos podemos generar paz y armonía. El jaspe unakita nos ayuda.

Pide al jaspe unakita que te apoye en:
- Trabajo de respiración (p. 156)
- Meditación del aura (p. 213)

Jaspe unakita

«Tu pena es mi pena,
la mía es la tuya.
Juntos sanamos.»

Líbrate de estereotipos con la austinita, p. 97
Libera la expresión emocional con la crisocola, p. 175

Cuarzo fantasma

«Soy un ser
multidimensional.
Con cada experiencia estoy
un paso más cerca de mi
ascensión espiritual.»

Cuarzo fantasma

Dinámica, estratificada, mística	CUALIDAD
Todos	CHAKRA
Abrazar el cambio, descubrir el conocimiento que llevamos dentro, ver la interconexión de la vida	FOCO

Llegará un momento en nuestro propio viaje en el que el crecimiento se tomará una pausa reflexiva. Damos por sentado que la ascensión espiritual será constante y lineal. El proceso, no obstante, es más dinámico, fluctúa de acuerdo con las lecciones únicas que debemos aprender.

Al mirar el cuarzo fantasma, empezamos a comprender que en esos momentos de reposo, el conocimiento etéreo se asienta en nuestro cuerpo energético, marcando un período de nuestra vida que debemos retener con una conciencia especial.

No podemos estar seguros de cuántas veces se van a producir estos momentos. Cada uno de ellos puede traer consigo un cuestionamiento existencial que solo puede superarse a través de una confianza y una rendición completas. El cuarzo fantasma revela el propósito más profundo de esas sombras. Empezamos a verlas como capas que marcan nuestro crecimiento y nuestra confianza constante en el universo, y recibimos las pausas con los brazos abiertos.

Revela las capas interiores y deja que sustenten tu ascensión con el cuarzo fantasma en:
• Contemplación de las estrellas (p. 52)
• Circulación del corazón (p. 31)

Aprecia tu camino único con la eudialita, p. 94
Profundiza más en tu esencia con la ammolita, p. 159

Azurita

«Al abrazar la verdad,
nutrimos el entorno
para que todos podamos
vivir con dignidad.»

Ametrina

«Mi mente está despejada
y presente. Puedo lograr
grandes cosas.»

Azurita

La sociedad nos enseña a recelar del éxito de los demás. Nos anima a acaparar recursos por si no hubiera para todos. Ver la vida a través de la lente de la escasez nos mantiene atrapados en el *statu quo*, incapaces de trascender.

¿Qué pasaría si descubriéramos que nuestro miedo es infundado? ¿Qué pasaría si viéramos que nuestra ansia de acaparar es la causa directa de la escasez? La azurita muestra estas verdades y nos ayuda a ver lo hermoso que sería el mundo si la compasión fuera la base de nuestras vidas. A través de su orientación descubrimos que nuestra misericordia y nuestra generosidad hacia los demás cambian radicalmente la forma de funcionar de nuestra sociedad.

Cierra los ojos y reflexiona sobre dónde sientes miedo en tu vida. Reconoce todos esos miedos con la veracidad y la compasión de la azurita.

Deja que libere la energía allí donde no puedas librarte del planteamiento de la escasez.

Libérate del condicionamiento social con la azurita en:

- Trabajo de respiración (p. 156)
- Circulación del corazón (p. 31)

Para un planteamiento de abundancia prueba el jaspe abejorro, p. 139

Explora el poder de la verdad con el topacio azul, p. 180

Ametrina

Es fácil perder el control y el equilibrio con las rápidas sacudidas que nos estimulan todo el día. ¿Cómo saber cuáles de esos impulsos debemos seguir? ¿Y qué hacemos con ellos una vez que tomamos una decisión?

La ametrina es nuestra aliada para equilibrar el flujo de la inspiración. Respalda nuestro proceso de toma de decisiones porque mantiene nuestra energía alineada con lo que aporta alegría a nuestro corazón. Purifica nuestra aura y nos da confianza para manifestar nuestros sueños con facilidad. Combinando la esencia de la amatista y la citrina, presenta las ideas de forma que podamos trabajar con ellas y desarrollarlas.

Deja que la ametrina elimine algunas de las ideas extrañas que ocupan espacio en tu mente. Sigue tu inspiración y mantén el proyecto en marcha con la vibración centrada de la ametrina.

Cuando dejamos espacio para trabajar en lo que nos da alegría, los sueños se manifiestan mejor.

Trabaja con la ametrina en:

- Red de creatividad (p. 106)
- Meditación del aura (p. 213)

¿Has olvidado el porqué? Prueba la piedra crisantemo, p. 140

¿Necesitas un aumento de claridad pura? Pásate al ópalo de fuego, p. 116

Heulandita

CUALIDAD	Calmante, meditativa, conectora
CHAKRA	Sacro, corazón, corona
FOCO	Liberar los sentimientos de rencor, abrir el corazón, encontrar tu centro

Cuando sacrificamos lo que nos importa para complacer a otro, nos convertimos en mártires. Nos parece que nuestras acciones son nobles y nos creemos superiores a aquellos por los que nos hemos sacrificado. Sacrificarse por complacer a los demás pronto se convierte en una adicción.

La heulandita nos da una perspectiva distinta: haz las cosas desde el amor de tu corazón, no para complacer a otros. Este planteamiento nos mantiene centrados, nos ayuda a honrar nuestros límites y hace que actuemos impulsados por el amor. ¿Esperas que los demás se sacrifiquen por ti o han sido otros los que esperaban que te sacrificaras?

Sea cual sea el extremo en el que sueles caer, recupera el equilibrio con la heulandita. Su vibración te guiará de vuelta al centro y te ayudará a abrir el corazón para lograr una conexión más honesta. Cuando permitas que tus deseos sean escuchados, el rencor se desvanecerá, y los sentimientos de conexión y apoyo ocuparán su lugar.

Libérate del rencor y recupera el equilibrio en tus relaciones con la heulandita. Deja que te ayude a profundizar en:
• Contemplación en el espejo (p. 79)
• Notas de amor (p. 78)

Escapa de los hábitos con la esfalerita, p. 150
Aprende a colaborar con el cuarzo clorita, p. 203

Angelita

CUALIDAD	Amorosa, liberadora, enriquecedora
CHAKRA	Corazón, tercer ojo, corona
FOCO	Aprovechar al máximo cada instante, navegar por los avatares de la vida, conectar con aquellos que hemos perdido

Imaginamos que la vida es eterna, que siempre habrá otro día. Pero el tiempo es relativo a la vida que lo vive. Esperando, dando por sentado que habrá otra oportunidad, pasamos por alto que la vida es impredecible. No podemos contar con el mañana, solo con el ahora.

¿Cómo navegar por los mares inciertos? ¿Qué pasa si desaprovechamos la oportunidad de decir adiós? Ahí entra la angelita. Los guardianes, la energía amorosa y el delicado batir de las alas de los ángeles nos sustentan en todas las experiencias turbulentas de la vida, especialmente en aquellas que requieren un cierre. Nos respalda, ofreciéndonos liberación y serenidad para que podamos seguir adelante con la vida. Inspirados por su apoyo amoroso, empezamos a reconsiderar nuestras prioridades, cambiando nuestra forma de mostrarnos en las relaciones y aprovechando al máximo cada instante.

Si te sientes perdido, déjate envolver por la energía dulce y suave de la angelita. No tienes que hacer nada, tan solo recordar que, pase lo que pase, algo más grande vela por ti.

Aprecia el fluir de la vida y, con la ayuda de la angelita, reconecta con aquellos que has perdido en:
• Práctica de gratitud (p. 78)
• Reiki (p. 182)

¿Afligido? Cálmate con el oro, p. 119
Honra los límites con la fluorita morada, p. 167

Heulandita

«Tengo el corazón
abierto, yo y mis
acciones nos centramos
en el amor.»

Angelita

«Mis ángeles están
a mi alrededor
velando por mí.»

Mente expansiva

Entre los momentos de sonido y acción, descubrimos el espacio transformador de la quietud. Es aquí donde la mente se libera y deja ir los pensamientos que la tienen siempre ocupada, y salimos emocionalmente apaciguados, con una mayor presencia y lucidez.

Meditación del canal dorado

Centra y armoniza tu flujo energético para revitalizar tu conexión con lo divino. Elige una piedra que tenga una cualidad etérea y visualiza toda tu esencia rodeada por un canal de luz dorada. Imagina que con cada respiración llevas su luminosidad simultáneamente hacia cada uno de tus chakras. Observa cómo se expanden con la vibración amorosa de la energía original. Tu aura, poco a poco, empezará a brillar de dentro afuera, fusionándose con la luz divina del universo, donde tú te conviertes en el Sol, la Luna, las estrellas y todo el espacio que hay entre ellos. Disfruta de esta experiencia de divinidad cósmica.

La mirada

Cultiva la presencia y la determinación energética centrando tu energía a través de los ojos. Usa un cristal como punto de dedicación —también podrías usar la llama de una vela, una imagen o una pared blanca— del que permites que salga la visualización. Siéntate con el cuerpo erguido y relajado. Mira hacia delante y encuentra el ritmo orgánico de tu respiración. Sigue respirando y mirando hacia delante hasta que te sientas listo para terminar. Cierra los ojos y haz una respiración centradora más. Empieza con cinco minutos y poco a poco ve alargando la práctica hasta llegar a veinte minutos.

Silencio sereno

Abraza la serenidad silenciosa para que tu mente pueda respirar y estar más receptiva a la energía original. Sujeta o canaliza tu piedra, cierra los ojos, detén por unos instantes tus pensamientos y deja que tu respiración fluya. Acoge las distracciones que surjan y deja que el ritmo de tu respiración las absorba. Si la mente empieza a divagar, permite que tu respiración la guíe de vuelta. Disfruta todo el tiempo que quieras.

En sentido horario desde arriba: pirita p. 126, **obsidiana copo de nieve** p. 27,
cuarzo girasol p. 165, **cuarzo tangerina** p. 129, **datolita** p. 111, **morganita** p. 228,
topacio dorado p. 51, **amatista** (centro) p. 207

Alejandrita

«Lo soy todo
y más.»

Gabro índigo

«Mi intuición me
permite experimentar
el mundo más allá de
lo físico.»

Alejandrita

Anhelamos ser accesibles para los que nos rodean. Damos por sentado que ello nos ayudará a sentirnos aceptados, así que creamos un envoltorio alrededor de nuestra aura con la intención de contenerla y resultar predecibles. Pero simplificarnos excesivamente acota nuestra alma y no deja espacio ni para la imaginación ni para la expansión.

La alejandrita, que cambia de color según la luz, nos muestra que las cosas no siempre son lo que parecen. Nos revela la naturaleza siempre cambiante del universo. Aprendemos a armonizar nuestra esencia física y nuestra esencia energética, y a reconocer que contenemos la expresión infinita de lo divino.

Abraza tu complejidad multidimensional y tu capacidad para cambiar. La alejandrita inspira la confianza y el optimismo que necesitas para

Segura, optimista, dinámica	CUALIDAD
Plexo solar, corona	CHAKRA
Armonizar el cuerpo físico y el energético, estimular la intuición, purificar el alma	FOCO

poder abrirte a las infinitas posibilidades que existen para ti, infundiéndote un sentido profundo de prosperidad espiritual.

Expande tu forma con la alejandrita siempre que te sientas confinado. Deja que te inspire en:
• Baño ritual (p. 182)
• Meditación al amanecer o al atardecer (p. 31)

Reúne el valor para ser con la wulfenita, p. 108
Ve más allá con el peridoto, p. 88

Gabro índigo

Nuestros ojos están siempre pendientes del mundo externo, absorbiendo lo que ven con curiosidad pasiva. Estamos tan concentrados en reunir información que olvidamos el resto de las posibilidades, y nuestra mente está demasiado estimulada para dar sentido a lo que ve.

Ir más allá nos parece raro. ¿Cómo vamos a mirar si no es con los ojos? El gabro índigo nos ayuda a librarnos de todo lo que pensábamos que sabíamos y nos anima a abrazar la intuición. Nuestra visión se transforma en otro sentido, uno que percibe la energía oculta de todas las cosas.

El gabro índigo fortalece tu intuición y te enseña a captar las vibraciones energéticas del tiempo y el espacio. Eso te proporciona la habilidad de percibir más allá de lo físico, lo que estimula el espíritu y te hace ver la magia que fluye siempre por el éter.

Mágica, expansiva, edificante	CUALIDAD
Tercer ojo, corona	CHAKRA
Potenciar las habilidades intuitivas, calmar la mente hiperactiva, facilitar el despertar espiritual	FOCO

Abre tus sentidos con el gabro índigo siempre que estés atrapado en el mundo físico. Resulta particularmente expansivo en:
• Lectura de los cristales (p. 212)
• Siesta mineral (p. 182)

Para la multidimensionalidad, prueba el jaspe del desierto, p. 36
Reconecta con tu intuición con la lepidolita, p. 77

Crisoberilo

CUALIDAD	Clemente, generosa, diplomática
CHAKRA	Corazón, tercer ojo
FOCO	Favorecer el pensamiento lúcido, ayudar a aprovechar y dirigir tu energía, proporcionar una perspectiva completa

El perdón es la prueba definitiva de la abundancia. Cuando perdonas, significa que estás tan lleno de amor hacia ti mismo, hacia el mundo y hacia los que te han causado el dolor que entras en el corazón neutro. Pero perdonar de verdad es un acto complicado. Muchos de nosotros pensamos que hemos podido seguir adelante sin que nos afectara, pero seguimos aferrados al rencor.

El corazón neutro es un espacio tierno en el que podemos ver la situación desde todos los prismas y sin ego. El crisoberilo nos guía por este difícil camino, limando nuestras asperezas y manteniendo una visión nítida. Somos capaces de ir más allá de la superficie, hasta la raíz de la experiencia, y de verla con enorme compasión. El crisoberilo, que expande nuestra conciencia, crea espacio para que todos los seres puedan simplemente ser. Nada de expectativas. Nada de críticas. Tan solo puro amor.

El crisoberilo te ayudará a tener una perspectiva completa, para que puedas dejarte ir y avanzar hacia un estado de perdón, creando espacio para una mayor abundancia energética.

Deja que el crisoberilo te ayude a encontrar la paz y a librarte de las aflicciones del pasado. Muy útil en:
- Lectura de los cristales (p. 212)
- Red de compasión (p. 106)

Deja fluir la compasión con la shungita, p. 196
Nada de rencores con la turmalina sandía, p. 74

Aegirina

CUALIDAD	Aclaradora, protectora, expansiva
CHAKRA	Raíz, corona
FOCO	Fortalecer el espíritu, eliminar ataduras insanas, limpiar el aura

Buscamos sentirnos anclados para no acabar vagando por lo desconocido. El peso constante hace que sintamos una carga en el alma. Es una sensación en la que nos amparamos para sentirnos seguros, pero que de repente puede hacer que nos sintamos atrapados.

El secreto con el ancla está en saber cuándo levarla y seguir adelante. Estamos tan cómodos donde estamos que el más mínimo indicio de novedad nos embota los sentidos. La aegirina tiene una vibración purificadora y protectora. Nos permite sentirnos seguros, listos para recorrer aguas desconocidas con renovada curiosidad.

No debes avergonzarte de haberte vuelto complaciente en la vida. Cambiar de rutinas y perseguir los sueños puede provocar ansiedad. Aferrarnos a lo conocido nos da un respiro, pero a costa de perder oportunidades. La aegirina fortalece nuestro espíritu, dándonos la entereza para correr el riesgo y descubrir el misterio que solo puede hallarse explorando lo desconocido.

Canaliza la vibración de la aegirina siempre que tu espíritu necesite valor para levar el ancla en:
- Meditación del aura (p. 213)
- Baño ritual (p. 182)
- Meditación acuática (p. 182)

Para enraizarte prueba al granate almandino, p. 38
Para una purificación seria del alma recurre al azufre, p. 130

Crisoberilo

«Cuanto más perdona
mi corazón, más
espacio crea para
la abundancia.»

Aegirina

«Lo desconocido puede
parecer sobrecogedor,
pero estoy listo para
la aventura.»

Barita
«Toda mi esencia
está abierta a las
vibraciones ocultas
del universo.»

Barita

CUALIDAD	Soñadora, intrépida, alineada
CHAKRA	Corazón, garganta, tercer ojo, corona
FOCO	Liberarse de los apegos con el mundo físico, descubrir los secretos ocultos en los sueños

Hay todo un mundo oculto bajo el velo de nuestros ojos. La arquitectura silenciosa del tiempo y el espacio que atesora la sabiduría de todos los tiempos. Energéticamente nos sentimos atraídos hacia él, pero como hemos centrado nuestra mente en la realidad física, nos cuesta acceder a él. Pero de vez en cuando un rumor esquivo nos recuerda que hay algo más ahí afuera.

¿Cómo podemos librarnos de la necesidad de demostrarlo todo, de tener que verlo con nuestros propios ojos para poder creerlo? La barita nos otorga un profundo sentimiento de independencia con respecto al mundo físico. En cuanto nuestros sentidos están en sintonía con las cosas que no pueden verse, desarrollamos la capacidad de percibir sus vibraciones como si estuviéramos en una galería de relieves esculturales energéticos.

Abre los sentidos para percibir el mundo energético superior que hay a nuestro alrededor. ¿Puedes sentir las vibraciones del éter que existe entre todas las cosas? Deja que esta receptividad recién descubierta te revele la sabiduría y el empoderamiento que se obtienen únicamente cuando uno es capaz de ver en profundidad.

Explora el éter con la barita. Pruébalo en:
• Contemplación en el espejo (p. 79)
• Contemplación de los cristales (p. 213)

Ábrete al misterio con el ágata de Botswana, p. 61
Redescubre tus sentidos con la selenita naranja, p. 33

Fenacita

Activadora, amplificadora, purificadora	CUALIDAD
Corona	CHAKRA
Expandir la conciencia espiritual, purificar el aura, conectar con lo divino	FOCO

Somos seres en constante expansión. Cada instante de nuestra existencia amplía nuestra vibración para crear una esencia mística que trasciende nuestra realidad. Cuando cerramos los ojos, nos transportamos a un lugar en el que nos volvemos difusos y cambiantes: pura energía. Existir en un estado de fluidez perpetua significa estar completamente alineado y abierto. Algunos lo llaman iluminación.

Nuestro torrente energético presenta reflujos que lo retuercen y causan distracción, lo que hace que no estemos alineados con la energía fuente. El camino de regreso está lleno de giros y virajes. Es posible que en el proceso nos desanimemos. La fenacita alinea de nuevo nuestra energía, para que podamos centrarnos en abrir nuestro espíritu a lo divino. Gracias a su apoyo, todo fluye sin problemas. Libera la presión y revitaliza nuestro corazón. Activados por su vibración, nos podemos rendir por completo a la expansión espiritual.

La iluminación no tiene por qué ser una tarea solitaria. Acepta una pequeña activación energética procedente de la fenacita que te devuelva a un momento de conciencia que te permita trascender.

Ábrete con la energía de la fenacita en:
- Meditación de la luz divina (p. 157)
- Trabajo de respiración (p. 156)

ÉTER

Fenacita

«Cierro los ojos y
veo cómo me fundo
con el universo.»

Para la colaboración energética, prueba la mesolita, p. 210

Siente tu camino en el tiempo con la dalmantina, p. 91

Dravita

CUALIDAD	Enraizante, fortificante, empoderante
CHAKRA	Raíz, sacro, plexo solar
FOCO	Transmutar la energía, fortalecer la autoestima, crear conexiones comunitarias

El mundo se ha vuelto un lugar cada vez más temible y solitario. Quizá no sentimos de forma suficientemente significativa, quizá no nos vemos unos a otros como suficientemente significativos.

Sensibles a nuestra vergüenza y a las costumbres sociales, nos cuesta abrirnos a los demás. Nos da mucho miedo ser vistos, estar conectados. La dravita transmuta estos miedos. Sosiega el alma y fortalece la imagen que tenemos de nosotros mismos. Empezamos a mostrar una confianza que inspira una verdad vulnerable.

Toma la mano de alguien que te importe sin decir nada. Deja que sienta cómo el amor que hay en tu corazón desciende por tu brazo, cruza tu palma y penetra en la suya. Si te sientes inexperto y vulnerable, la vibración sustentadora de la dravita te dará el valor para conectar. Estos momentos de ternura calman los sentimientos de ansia y nos recuerdan que nos aman.

Cultiva relaciones más profundas con la dravita. Apóyate en su energía acogedora y comprensiva en:
- Meditación tomados de la mano (p. 157)
- Equilibra los chakras (p. 156)

Líbrate de la vergüenza con la dioptasa, p. 105
Comunícate con la crisocola, p. 175

Tectita

CUALIDAD	Del más allá, sobrenatural, transformadora
CHAKRA	Todos
FOCO	Catalizar la evolución espiritual, expandir la conciencia, fortalecer el alma

Buena parte de la evolución espiritual ocurre dentro de nosotros. Exploramos nuestro ser y nuestra conexión con lo divino. El movimiento es progresivo, un movimiento en bucle hacia atrás sobre lo que hemos aprendido antes de consolidarlo en nuestra conciencia.

Así como los meteoritos afectan a la Tierra, también nosotros reaccionamos constantemente a estímulos externos. Estas experiencias drásticas nos moldean y catalizan la evolución espiritual de maneras que jamás podríamos anticipar. La tectita, una piedra que se forma por el impacto de los meteoritos en la Tierra, con su energía de otro mundo, sirve de estímulo para desplazarnos fuera y más allá del yo interior. Nos vemos lanzados a situaciones, desafiados más allá de la comparación y tenemos acceso a la sabiduría celestial que nos transforma por completo. Una vez nos alcanza, ya no volvemos a ser los mismos.

Puede asustarnos saber que estas experiencias son fuerzas que llegan dispuestas a entrar en contacto con nuestra aura. A lo mejor no estamos listos, pero la tectita fortalece el alma y nos enseña a aguantar el golpe. Al sustituir el miedo por placer energético, estamos listos para cualquier nueva enseñanza que nos aporte la experiencia.

Acoge la expansión espiritual con la tectita. Expande el alma en:
- Trabajo de respiración (p. 156)
- Piedras en el cuerpo (p. 30)

Revisa tus enseñanzas del pasado con el basalto, p. 124
Líbrate de la necesidad de prepararte con el ámbar, p. 115

Dravita

«Abro mi corazón con
valentía y conecto
desde un espacio de
amor profundo.»

Tectita

«Siempre estoy
aprendiendo y
evolucionando. Cada
experiencia expande
mi conciencia.»

**Cuarzo
transparente**

«Yo soy, yo soy,
yo soy.»

Cuarzo transparente

Infinita, completa, expansiva	**CUALIDAD**
Todos	**CHAKRA**
Amplificar la energía, reconocer la impermanencia, iluminar las posibilidades	**FOCO**

El vacío es un espacio de infinitas posibilidades. Nos sentimos atraídos hacia él. Pero ¿qué pasaría si nos aventuráramos a salir a ese espacio de impermanencia? Nuestra curiosidad aumenta a medida que nos acercamos, y de pronto es evidente que nos estamos mirando a nosotros mismos.

El cuarzo transparente, como un faro, es la luz que brilla en nosotros clarificando aquello de lo que hemos estado huyendo y es también la luz que nos guía de vuelta a casa, de vuelta a nosotros mismos. Magnifica aquellas experiencias que precisan una solución, colocándolas delante y en el centro para que podamos aprender, crecer y transformarnos a partir de ellas. El cuarzo transparente nos conecta con una quietud profunda que amplifica nuestra voz interior, para que sepamos lo que está alineado y avancemos hacia ello con intención.

Vernos a nosotros mismos es muy molesto. Nos sentimos intrigados y desconcertados a partes iguales. Cuanto más la evitamos, más dolorosa puede ser esta contemplación. El cuarzo transparente nos conecta con nuestra verdad más profunda. Bajo su vibración sustentadora, aprendemos a apreciar la sabiduría que surge cuando dejamos de evitarnos y abrazamos la hermosa impermanencia de la vida.

Obsérvate plenamente con el cuarzo transparente en:
• Silencio sereno (p. 238)
• Siesta mineral (p. 182)

ÉTER

Explora el principio con la turquesa, p. 46
Sigue las posibilidades con la sillimanita, p. 170

Índice

Sobre la autora

Sadie Kadlec es una mentora y guía espiritual cuyo propósito es inspirar, despertar e iluminar a las personas a través de la exploración colaborativa. Fundó Mineral Muse, un proyecto de empoderamiento centrado en los cristales, a fin de animar a las personas a cultivar una relación más sincera con la Tierra y con ellas mismas. Reconociendo que el viaje de cada persona hacia la expansión espiritual es único, su mezcla de modalidades, prácticas y reflexiones anima a todos a abrazar las conexiones más intensas que posibilitan una transformación profunda.

Agradecimientos

Agradecimientos de la autora

Años antes de que este libro viera la luz, yo ya soñaba con escribirlo. El sueño se alimentó por el gran aliento de tantas personas maravillosas como tengo la suerte de conocer y querer. Toda esa experiencia reafirma el convencimiento de que todo lo que hacemos es el resultado del apoyo y la colaboración de la comunidad. Agradezco de corazón a todas las personas que creyeron en mí y en mi trabajo, y que ayudaron a que este libro viera la luz.

Doy las gracias a mi maravillosa familia por estar siempre ahí y animarme a perseguir mis sueños; a mi pareja, Edowa, por su energía, su paciencia, su apoyo y sus reflexiones atentas; a mis amigos, que han sido los primeros en practicar con mis consejos; a mis mentores y colegas de Maha Rose, cuya amistad y orientación me han ayudado a crear el entorno para que este sueño echara raíces; al Instituto Xilonen por compartir una profunda apreciación de los cristales y su magia; a todos mis clientes por la confianza que han depositado en mí para apoyar su crecimiento espiritual; a la comunidad de Mineral Muse por su increíble entusiasmo por los cristales, y a todos los que han hecho una pausa para adentrarse conmigo en el mundo de los cristales, la energía y la transformación espiritual. Un agradecimiento especial a Laura Lukos, Rae Fagin, la familia Yaffe, Ava Adames y Angela Monaco por prestarme cristales de sus colecciones para complementar las mías para las fotos, y a todo el equipo técnico que ha hecho posible el proyecto con sus esfuerzos y su colaboración.

Y, por último, un gran agradecimiento a los cristales y a la Tierra misma por compartirlos con nosotros. Sin ellos, no habría sido posible.

Agradecimientos de los editores

DK quiere agradecer a John Friend la revisión y a Marie Lorimer la preparación del índice.

Edición del proyecto sénior	Emma Hill
Edición de arte sénior	Emma Forge and Tom Forge
Edición sénior	Dawn Titmus
Diseño sénior	Barbara Zuniga
Asistencia editorial	Charlotte Beauchamp
Diseño de cubierta	Amy Cox
Coordinación de cubierta	Jasmin Lennie
Edición de producción	David Almond
Producción sénior	Luca Bazzoli
Edición ejecutiva	Ruth O'Rourke
Dirección de diseño	Marianne Markham
Dirección de arte	Maxine Pedliham
Dirección editorial	Katie Cowan
Fotografía	Michael Persico
Estilismo	Kelsi Windmiller

De la edición española:

Coordinación editorial	Marina Alcione
Asistencia editorial y producción	Malwina Zagawa
Servicios editoriales	Tinta Simpàtica
Traducción	Ana Riera Aragay

Publicado originalmente en Gran Bretaña en 2022
por Dorling Kindersley Limited
DK, One Embassy Gardens, 8 Viaduct Gardens,
Londres, SW11 7BW
Parte de Penguin Random House

Título original: *Crystals*
Primera edición: 2022

ISBN: 978-0-7440-6426-1

Impreso y encuadernado en China

Para mentes curiosas

www.dkespañol.com

MIXTO
Papel | Apoyando la
selvicultura responsable
FSC™ C018179